種籽
文化

種籽文化

人生沒有那麼多
你認為的「應該」

為生活找出口
而不是找藉口

想要跳脫問題的方法只有一種，
那就是解決它！

不要給自己太多的藉口，這樣，你就能去發現
生活中的美，給自己力量去適應逆境；因為，
一個不會為自己生活尋找藉口的人，才能發現
自己的生活出口！

八方｜著

目錄

第二章 不要只會等待機會，要主動地去創造機會 41

第三章　越是無能為力的時候，越是不要放棄 69

第九章 沒有經歷過逆境，不知道自己有多少能力 233

第十章　失敗往往是通向成功的捷徑　261

前言

不管怎樣的難關，都會想去突破，這樣的人就一定會成功。認為無法突破難關的人，都是不敢面對失敗的人。相信自己，如果在絕境中的你也能樂觀面對，那麼天底下就沒有你不能做到的事……

有人說：「人生就像你用手機玩電玩遊戲一樣，難免都一定會遇到『卡關』的狀況，重點是遇到『卡關』的你，是就此放棄，還是繼續堅持到『過關』為止！」的確，在人生過程中，每一個人，都會遇到難關。成功與否，就要看你是否能夠突破難關，還是一看到難關就舉白旗投降，就馬上放棄。

當自己在實現夢想的過程中，處在逆境時，不要感到挫折或無力感，而是要調整好自己的心態，給夢想一點失敗的空間，然後，用積極主動樂觀的態度來面對逆境，這樣才能有助於我們找到解決問題，實現夢想的辦法。

英國愛蒙德・拖馬斯爵士曾經帶隊攀登聖母峰，但由於在攀登的過程，因為某個隊員意外死亡而中途折返。不過，他在返回倫敦時，仍然受到英雄式的歡迎，在歡迎他平安歸來的酒會上，愛蒙德・拖馬斯爵士站在背後掛著一幅巨大聖母峰照片的台上，面對大家的歡呼下，站起來答謝，並轉身對著這幅聖母峰的巨照說：「聖母峰，雖然這次你把我擊敗，但我還會再來一次，而下一次我一定會將你征服，因為，你不像我那樣能日益壯大。」

人們對夢想總是持一種鄙夷或不屑的看法，但實際上每個人，從小時候到長大成年，誰也無法擺脫想要實現夢想的糾纏，一旦在實現夢想的過程中受挫受阻，就會灰心喪志，但是，我們是否曾經想過，一個類似向攀登聖母峰這種偉大的夢想，並非一朝一夕就能一蹴可及，因此，我們為何不能像上述故事中的愛蒙德・拖馬斯爵士一樣，用積極樂觀的心態，給自己的夢想一點空間呢？

不要給自己太多的藉口，這樣，你就能去發現生活中的美，給自己力量去適應逆境；因為，一個不會為自己生活找藉口的人，才能發現自己的生活出口！

第一章　為生活找出口，而不是找藉口

不要給自己太多的藉口，
這樣，你就能發現生活中的美，
給自己力量去適應逆境；
因為，一個不會為自己生活找藉口的人，
才能發現自己的生活出口！

不要害怕被自己打敗

有時生活似乎很喜歡和你開玩笑，越是期望得到的東西，越是得不到，越是盼望達到的終點，越是到不了。

台灣首富郭台銘有次應邀到《天下雜誌》與大學生座談時，對與會的學生說道：「你沒有失敗，你就不可能有成功，而且你沒有連續性的失敗或重大的打擊，對你來講，這個成功絕對不是一個堅實的成功……其實，打敗你的不是別人，都是誰？都是你自己對不對，因為，第一個說放棄的就是你啊……我今天來不是要告訴各位我有多成功，我要來告訴各位的是我受了多少失敗的打擊……」

事實上，成功人士往往是把失敗當做自己最好的朋友。記住，永遠沒有徹底的失敗，只要你能記住過去的慘痛教訓，並且從這個慘痛的教訓當中，提煉出成功的DNA……

因此，不要害怕失敗，更不要害怕被自己打敗，因為，只有被自己打敗的人，才有讓自己重新開始的機會。

曾經先後擔任倫敦、利物浦、牛津三所明星學校的教授，一九三二年與另外一個學者共獲諾貝爾生理學、醫學獎的美國生理學家愛富頓，年輕的時候，曾經是一個不學無術的街頭惡少，他一開始毫不在乎，也沒有一點悔改之心，可是有一次，當他向一個他心儀的女孩求婚時，這個女孩卻不假思索地跟他說：「我寧願在路上被車子撞死，也絕對不會嫁給你這個遊手好閒的不良少年！」

這個女孩不留情面的回答，對愛富頓的心理衝擊非常大，當下讓他羞愧萬分，無地自容，從此醒悟。

愛富頓發誓：「自己將以輝煌的成就證明自己並不像這個女孩所想的那種人。」於是，他悄悄離開這位女孩，懷抱發奮的志向，並刻苦攻讀和鑽研，徹底打敗過去那個無所事事的自己，之後他在中樞神經系統生理學研究方面，獲得重大的成就……

不要把時間用在埋怨自己的過錯

「失敗像彈簧，你弱它就強，你強它就弱。」的確，一個害怕失敗的人，往往在找尋可能失敗的原因時，勝過尋找怎樣成功的線索；遇到一點點失敗便會自責，把大量的時間用在埋怨自己的過錯，不去探尋錯誤的原因，以及否認自己存在的價值，有的甚至還會產生輕生的念頭，而上述這些狀況，都是因為缺乏被打敗的勇氣。

負面情緒是失敗的催化劑

其實，在負面思維的惡性循環中，你有許多可以突破的環節，你應該一再告誡自己：儘管現在我沒有突破，但這並不等於我是個沒有用的人，只是自己的付出還不夠，因此需要更積極地努力。

有人說：「一個人的負面情緒，會讓原本身處快樂天堂的你，瞬間跌入痛苦地獄！」當你問一個小孩子，這個世間什麼的速度最快，他也許會回答是火箭，的確火箭的速度很快，但是當你問一個三十歲的上班族，他可能會告訴你是時間，然而，只要是對人生稍有體悟的人，則會告訴你這個世間速度最快的是人的情緒。因為，一個人的情緒速度幾乎快到不需要時間，殊不見，上一秒鐘你還因為中了一千元統一發票興奮莫名，但下一秒鐘卻因為接到你的小孩騎車出車禍的消息，讓自己原本快樂的情緒蕩入谷底。

又譬如原本心儀的男孩子說好今天會打電話給妳，讓妳充滿了期待，但是妳等了一個上午，卻遲遲沒有接到他打來的電話，妳原本期待的心情，就開始往下沉，妳開始會心想，如果他在乎我，就會打電話過來了，但是他一直沒有打電話來，就代表他並不是真的在乎我……而妳的心情從充滿期待到失望、失落一直到絕望的時間，有時候快到甚至比一瞬間的時間還要快。

其實，當一個人身處絕望時，會想到放棄，不想做任何努力，因為你會認為一定是自己不夠好，對方才會不在乎你，因此，即便你再如何努力的結果還是一樣，然而，一旦你有了這種負面思維，你就會認為自己沒有用，而這種自認為自己一無是處的感覺會使你更加絕望，認為自己的存在沒有任何意義，還不如……

一旦思維陷入這種惡性循環，才是我們自身的可怕絕境，所以一定要設法擺脫，你應該要用你的積極表現來鼓勵自己，以及經常肯定因為自己的努力，而取得的一點進展。

擺脫負面情緒的惡性循環

積極主動的行事方式有助於讓自己擺脫負面情緒的惡性循環，積極的自我暗示，有助於讓消極的想法停止前進，因此，當我們陷入消極負面情緒當中，不妨告訴自己，只要自己不怕被打敗，那麼天底下還有什麼事情，可以讓自己害怕的。

知道別人不知道的，就不怕被別人打敗

在當今這個資訊就是王道的時代，資訊就是力量，就是金錢，它能打開成功的大門，影響我們的觀點和行為。獲得足夠的資訊就意味著你擁有強大的力量，有了資訊也就有了成功的本錢。

有句話說：「知己知彼，百戰不殆！」的確，獲取足夠的資訊，才能有備無患，所以，你應當儘早開始搜集資訊，搜集盡可能多的有用資訊，那麼你要從哪裡發現和搜集資訊呢？

當然是從那些與你工作相關的人員那裡獲得資訊，如果你不能直接與這些相關人員進行接觸，可以利用第三方，或用電話諮詢，或者利用問卷調查的方式獲得。

但我們明知如何獲得資訊，卻往往得不到足夠的資訊，為什麼呢？因為，大多數時候，我們只看到事物的表象，而看不到事物的本質。

有一家大賣場的經理，經常像撿垃圾一樣，跟在一些家庭主婦的身後，待家庭主婦隨手扔下廢紙條，他就把它撿起來。大賣場的員工一直不理解經理這個奇怪的舉動，有些大賣場的年輕工讀生，甚至認為這是一種心理變態的行為。

不過，這家大賣場的生意卻越來越旺，原來，在現在生活快節奏的都市，家庭主婦們喜歡一次性採購大量物品帶回家。由於，這些家庭主婦怕忘記所要買的東西，她們習慣將要買的東西寫在一張紙上，而且，一般按照需要的迫切程度寫出來，等到一買完，就會把紙條隨手扔掉。為了搜集這些特殊而有效的購物資訊，大賣場的經理又怕洩露出去，就經常自己跟著這些主婦去撿紙條。他把撿到的紙條分類整理，便知道了這些主要的顧客們需要什麼，以及使用週期。

當然，還可以用來做其他許多重要商業資訊的分析，由此可見，處處存在著有用資訊，就看你能否比別人用心去挖掘。

不能守株待兔，要主動出擊

天上不會掉下禮物，地上會長出搖錢樹嗎？只要你想，就有可能。但是，你不能守株待兔，還是要靠自己努力爭取。首先，你要懂得如何獲取對自己有利的資訊，才不會還沒被對手打敗之前，就被自己打敗。

你想當自己的「敵人」還是「貴人」？

自我暗示，往往會產生驚人的力量，消極的自我暗示，可以將一個正常的人帶向死亡；而積極的自我暗示，會使人充滿信心，進而完成原本不可能完成的任務。

有位哲學家曾經說過：「如果你想要事情變成你想的那樣，只要你天天想、時時想，總有一天，這件事情就會變成你想要的那樣。」其實，這位哲學家說的就是「心想事成」的力量，也是心理學上所說的「自我暗示」的力量。

一個心理醫生找來一個被判處死刑的罪犯，告訴他將被用鋒利的美工刀割破靜脈，讓血慢慢流乾而亡。心理學家話一說完，便交代行刑人員將罪犯綁起來，並蒙住雙眼，然後，明確地告訴罪犯，現在開始用刀割開他的靜脈。

但實際上，心理醫生只是用刀背在他手腕上劃了一下，並在他的身邊放了一個滴水的水桶，讓罪犯以為是他的血在滴落。剛開始的時候，罪犯聽到水滴落的很快，不停地掙扎，表情很痛苦。慢慢地，隨著心理醫生故意減慢水滴落的速度，造成罪犯的血快流乾的假象，罪犯的臉部表情也逐漸由掙扎變成痙攣，並在旁邊水桶的水快要滴乾時，真的就斷氣死亡。

這個故事告訴我們，消極的自我暗示，可以讓一個正常的人走向死亡，就像故事中的罪犯根本沒有流半滴血，卻只是因為消極的「自我暗示」自己的血已經流乾，因而死亡。

由此可見，「自我暗示」對人的心理作用很大，只要用在積極正面的事情上面，有時甚至會創造奇蹟。二次大戰前，蘇聯一位天才演員畢甫佐夫，平時有嚴重的口吃毛病，但是當他演出時，就是利用積極的自我暗示克服了這個口吃的缺陷。他告訴朋友，其實暗示自己在舞台上講話和做動作的不是他，而完全是劇中他所扮演的角色，因為這個角色是沒有口吃的。

學會積極的自我暗示

人類最強大的力量產生於人類的思想，正如我們最大的敵人，是我們自己一樣。學會積極的自我暗示，會讓你獲得前所未有的力量，激發你的所有潛力，讓你可以克服眼前的一切困難，度過一切難關，並相信自己，讓自己成為自己的貴人。

夢想是成功的起跑線，行動是夢想成敗的分隔線

「早一點行動，早一點成功。」只要你開始了自己的計畫，踏出了第一步，那你就離夢想近了一步。如果總是畏首畏尾，不敢踏出第一步，那成功永遠只會遙遙無期。

長年失業的阿哲，三天兩頭就跑到寺廟去向佛祖祈求，可以賜予他無盡財富。

第一次他去到寺廟對佛祖祈求：「佛祖啊！請看在我多年虔誠對您朝拜的份上，讓我中一次彩券吧！」

第二次他又垂頭喪氣地來到寺廟，虔誠地對佛祖祈求：「救苦救難的佛祖啊！請讓我中一次彩券，我已經快要走投無路了……」

第三次他來到寺廟的時候，跪倒在佛祖面前乞求道：「佛祖啊！您為什麼不讓我中一次彩券呢？」

就在這個時候，寺廟上空發出一陣莊嚴的聲音：「你的祈求，我都有聽到，也很想讓你

中一次彩券，可是最起碼你也該先花五十元去買一張彩券吧！」

還有一則大家應該耳熟能詳的故事：有一個和尚，決定效法唐三藏到西天取經，但他身無分文，且路途遙遠，不過他並沒有讓這些困難阻擋他到西天取經的決心。

當他一邊沿途化緣，一邊往西天的路途中，碰到一個富和尚。

富和尚便問他：「你化緣幹什麼？」

窮和尚回答：「我要去西天取經！」

富和尚不由哈哈大笑起來：「憑你也想到西天，我想到西天的念頭已經有好幾年了，但因準備不充分一直沒有成行，像你這種窮光蛋，恐怕還沒到西天，就先餓死了！」

窮和尚不為所動地說：「我遲早一定會到達西天。」

幾年以後，窮和尚從西天返回，又到這個地方看望富和尚，這時富和尚卻還在準備他的西天之行。

想想我們身邊，像前述故事的阿哲和富和尚這樣的人大有人在。再想一想你自己，是否每天都在下決心，然而，每天又無所事事，虛度光陰。

因此，如果不想做永遠只是在下「決心」的人，當我們有了計畫時，就要立刻動手去做，哪怕只是從一件很小的事情開始。

夢想不能只是紙上談兵

有位哲人曾經說過：「夢想是成功的起跑線，決心則是起跑時的槍聲，只有行動，才能成功。」的確，要成功，光有心中的夢想和口頭上的豪言壯語，只是紙上談兵，只有付諸實際行動，朝著自己的夢想不斷奮鬥，堅持到底，才能到達最終想要達成的目標。

金錢不是成功的最終目的

在追求事業的過程中，你一定要明確，你要做的不是聚斂財富，而是讓財富為你的事業服務，最終實現人生的意義，獲得成功。哪怕你只有很少的錢，也要儘量把它們花在為你的事業帶來幫助的那些事情上。

「金錢不等於成功。」換言之，沒有錢並不代表著失敗，因此，不要把金錢看得太重要，金錢不是目的，金錢充其量只是工作或事業成功的附屬品，重要的是，選擇你喜歡的工作，每天腳踏實地去做，去努力，把工作當做一種享受，從中體會樂趣，日復一日，你的努力自然而然會為你帶來成功。

生於奧地利一個普通家庭的阿諾．史瓦辛格，十五歲時，體重只有一百五十磅，但卻對舉重健身產生狂熱的興趣，而年輕的史瓦辛格不是一個空談與做白日夢的人，他為了更瞭解健身，花盡零用錢，搜集了在奧地利可以買到的美國健身雜誌，甚至在被徵召入伍之後，仍然不放棄健身。

服完兵役之時，史瓦辛格已經拿了四項健美先生的獎項，於是，他便寫信給他的偶像美國健美先生力士柏加。柏加被他對健美的熱誠感動，竟然邀他到自己的美國豪宅一遊，並且親自傳授健身的竅門，令史瓦辛格的進步一日千里。

此次的美國之遊，在史瓦辛格的心裏燃起「美國夢」，他決定要到當時的「健身聖地」南加州定居，在健身的領域闖一番事業。因為他對健身的熱誠，受到美國健身界「教父」韋特的賞識，因此，答應讓他在南加州受訓。

從此，史瓦辛格的威名，隨著他那不斷獲得國際健美先生的獎項，在美國展開，也因此獲得了在好萊塢成就自己事業的機會，成為一個炙手可熱的電影演員，他最著名的成名電影是一九八四年的《魔鬼終結者》，在影片中，他成功詮釋了電影中強壯、冷酷且無堅不摧的終結者形象，被視為當今好萊塢最有影響力的演員之一。而這一切得歸功於史瓦辛格一開始就把有限的金錢用於健身的鍛鍊之上，從而取得了現在的成就。

擁有金錢並不代表擁有成功

什麼是成功？成功就意味著擁有金錢嗎？當然不是。金錢不是成功的最終目的，那些財產只是幫助你成功的工具。沒有錢是不行的，借助金錢有利於實現成功，但擁有金錢並不意味著你一定成功。

人生沒有那麼多你認為的「應該」

當我們一味地用「應該」要求別人，就會認為「別人應該這樣」或「別人應該那樣」，然而，一旦別人令我們失望，就無法接受，就會對他們產生憤怒……

有位哲人曾說：「成功與失敗最大的差別，就在於成功者永遠不會認為自己『應該』會成功！」的確，舉凡所有失敗的人，往往就是對人生抱著太多「應該」，然而，一旦人生不是他們想的那個「應該」的樣子，就失望了，就感覺這個世界拋棄了自己，就放棄努力了，就捶胸頓足，悔不當初。

我們總認為事情、自己或別人「應該這樣」或「不應該那樣」，因此，不願意接受失敗的現實，認為「人生不應該是現在這個樣子」，問題是我們只是人生中的一個過客，人生並不會乖乖地跟著我們想的「應該」方向去發展，所以，我們就算一百個、一千個不願意，也只能接受人生自己變成的樣子。

因為，過於「理所當然」的「應該」，只會降低我們面對挫折的抗壓力，當「事實」跟我們的「應該」出現落差時，就會讓自己對人生感到沮喪、感到失望。

當我們用強烈的「應該」要求自己時，例如「我應該可以追到心愛的女孩」，「我不應該犯下這個不該犯的錯誤」，「我應該可以順利升職」……一旦我們的努力沒有辦法滿足以上這些「應該」的要求，就會感到痛不欲生，就會掉進自我埋怨的泥淖。

事實上，我們的痛苦來自於「現實」無法跟著自己認為的「應該」發展，我們的痛苦來自於對自身或對他人過高的「應該」要求所造成的。

我們的痛苦更來自於不願意接受自己的極限、不願面對自己的失敗，以及不願意面對人生怎麼會跟自己想的完全不一樣。

沒有什麼不可能的事

摒除一切「應該」和「理所當然」，坦然接受被打敗的現實，然後，再用樂觀的態度去改變它，因為，沒有什麼不可能的事，就看你想不想去做！

做一個「有心」人，就不會被自己打敗

成功會格外偏愛那些「有心人」，所以，儘管享受生活，只要在生活中做一個「有心人」，抓住靈感，你就能成功。

有位暢銷作家曾經寫道：「只要做一個比別人『有心』的人，處處都是可以讓自己翻身的機會。」

湯姆是一個製造沙漏的小廠商。沙漏是一種古董玩具，它在時鐘未發明前用來預測每日的時辰。時鐘問世後，沙漏已完成它的歷史使命，因此，沙漏的需求越來越少，最後湯姆只得停產。

有一天，湯姆翻看一本講賽馬的書：「馬匹在現代社會裏失去了牠運輸的功能，但是卻在賽馬比賽中重新找到舞台。」在這不引人注目的兩行字裏，湯姆好像聽到了上帝的聲音，高興地跳了起來。他內心想：「賽馬用的馬匹比運貨的馬匹值錢，是啊！我應該找出沙漏的

新用途。」

就這樣，從書中偶得的靈感，使湯姆的精神重新振奮起來，把心思全部放到沙漏上。經過幾天思索的湯姆，決定做個限時三分鐘的沙漏，在三分鐘內，沙漏上的沙就會完全落到下面來，然後，再把這個「三分鐘沙漏」裝在電話機旁，這樣打長途電話時，就不會超過三分鐘，電話費就可以有效地控制了。

想好了之後，湯姆就開始動手製作。這個東西設計上非常簡單，把沙漏的兩端嵌上一個精緻的小木板，再接上一條銅鏈，然後，用螺絲釘釘在電話機旁就行了。不打電話時，還可以當做裝飾品，看它點點滴滴落下來，也能調劑一下現代人緊張的生活。由於，擔心電話費支出的人很多，湯姆的新沙漏可以有效地控制通話時間，售價又非常便宜。因此，一上市銷路就很不錯，平均每個月能售出三萬個。這項創新使看不到前途的沙漏，轉瞬間成為對生活有益的用品，銷量成千倍地增加，湯姆也從一個頻臨破產的老闆搖身一變，成了腰纏萬貫的富豪。

湯姆成功了，而且是輕輕鬆鬆，沒費多大力氣，但是如果他不是一個有心人，即便看了那本賽馬的書，也無法逃脫破產的厄運，而且，最後還很可能成為身無分文的窮光蛋。

發現別人看不到的商機

很多時候，成功並不需要深奧的理論，其實，哪怕是生活中很小的一件事，也能觸動你發明創造的那根神經。比如，發現某種產品的缺陷，注意某種需求等等，也就是在我們身邊一些熟視無睹的事物中，發現別人看不到的商機。

為生活找出口，而不是找藉口

不要給自己太多的藉口，這樣，你就能睜開淚眼去發現生活中的美，給自己力量去適應逆境；因為，一個不會為自己生活找藉口的人，才能發現自己的生活出口！

有人說：「一個人最不缺的就是抱怨，因為，當我們一遇到不如己願的事情，就會開始抱怨自己的運氣怎麼會這麼差，我們總是會用抱怨來企圖轉移自己沒有能力解決問題的焦點。」

被當權者驅逐出境，流落到英吉利海峽的澤西島上，同時又身患重病的法國大文豪維克多・雨果，每天當太陽快下山，都會坐在俯瞰海港的一張長椅上，發呆地面朝大海，沒有人知道他到底在想什麼？

過了幾個月後，他好像突然想通了什麼，開始在附近撿了一堆小石頭，然後，一塊一塊地擲向大海，每當將石頭擲完之後，他就會面帶微笑地從海邊離去。

雨果每天在海邊丟擲石頭的奇怪舉動，終於引起了人們的注意。有一天，一個好奇的孩子走上前來問他：「為什麼你每天要向海裏扔這麼多的石頭？」

雨果沉默了一會，然後，緩緩地向那個孩子說：「孩子，我扔到海裏的不是石頭，而是我的『自憐』。」

雨果最終用丟擲「石頭」的舉動戰勝了「自憐」，沒有讓自己的鬥志被那無濟於事的自憐奪去，最後他因而戰勝了逆境，成就了自己的事業。

如果把我們遭遇的困境與雨果做個對比，你還認為你是這個世界上最不幸的人嗎？你還會埋怨生活對你一個人不公平嗎？如果你總覺得周圍一片黑暗，也許那是因為你自己背向太陽，試著讓自己轉過身來，讓自己面向光明，然後，像雨果扔石頭那樣，扔掉自己所有的抱怨和藉口，要知道，一個開始不會為自己生活找藉口的人，才有可能發現自己的生活出口！

與其抱怨命運，還不如向命運挑戰

當一個人陷入自憐情緒，身處逆境之中時，總會不停地抱怨命運，認為生活虧欠了他，認為沒有人的命會比他的苦，認為自己是世界上最不幸的人。如果你還想成就一番事業的話，那麼你就必須擺脫自憐的束縛，不要讓自己被自己的自憐打敗。

第二章　不要只會等待機會，要主動地去創造機會

不要等待機會出現，
而要努力去預見機會，
創造機會，只要努力去做，
不論在任何失敗的困境下，
都會有機會，都會有希望。

站在巨人的肩膀上，做出超越巨人成就的事

「站在巨人的肩膀上，你才能看的更高、更遠。」前人的知識和成果是人類的財富，也是你的財富，要敢於並善於利用這筆財富。

有位暢銷作家曾經寫道：「最聰明的人就是經常會讓自己站在巨人的肩膀上，做出超越巨人成就的事。」

其實，愛迪生之所以能夠發明燈泡，就是以別人已經證實的事實做為基礎，因為在此之前，有科學家發現將一條金屬線接觸電之後會發熱，最後還會發光，但問題卻在於強烈的熱度，很快就把金屬線給燒斷了，所以，光的壽命只有幾分鐘而已，也就是如果要延長燈泡的壽命，就必須有效地控制熱度。

因此，愛迪生也就在這個基礎下發明燈泡，他在控制熱的過程中，曾經歷過一萬多次的嘗試，後來經由木炭的製造原理，聯想到對金屬絲加熱的念頭，他把金屬絲放在一個瓶子

裏，並抽出瓶中大部分的空氣，最後終於發明出第一個壽命長達八個半小時的燈泡。

愛迪生發明燈泡的例子告訴我們，有時候只需要把前人的成果進行改進或混搭組合，就能創造出一種全新的東西，讓自己成功地站在「巨人」的肩膀上，做出超越「巨人」成就的事。

地毯和指南針原來是看起來風馬牛不相干的兩樣東西，比利時商人卻把兩者「混搭組合」起來，創新成為「指南地毯」。由於在阿拉伯國家，穆斯林教徒無論居家或外出，每天祈禱從不間斷，而祈禱時一定要面朝聖城麥加。旅行在外，每個穆斯林教徒都會隨身帶一塊小地毯以便祈禱時使用，但經常為了辨別方向而費神。

精明的比利時商人便將指南針巧妙地嵌入地毯，並把指南針原本指向正南正北，改成指向聖城麥加方向。這樣一來，教徒不管走到哪裡，只要把地毯一鋪，就可找到聖城的方位，方便祈禱。

將兩種根本不可能放在一起賣的東西「混搭」的「指南地毯」，果然一上市後，立即被穆斯林教徒們所接受，成為阿拉伯國家的搶手貨。

在前人已有知識的基礎上創新

當人們誇獎牛頓的偉大成就時，牛頓卻謙遜地說：「我不過是站在巨人的肩膀上。」這句話除了謙虛之外，其實還包含著深刻的啟示：我們要學會在前人已有知識的基礎上創新，就可以不被打敗，就可以讓自己獲得成功。

懂得藉力使力，才能讓自己立於不敗之地

巧妙地利用別家同類名牌產品知名度的「襯托法」，襯托出自己產品的形象，往往可以收到意想不到的效果。

「一個懂得藉力使力的人，才能讓自己在任何狀況之下，都能立於不敗之地。」

雅芳公司的老闆原是一家特殊紙製品公司的職員，她注意到百貨商店裏婦女生理期的衛生棉需求量非常大，而且國際市場上，一種叫做安娜的系列衛生用品十分暢銷，讓她嗅到這個行業濃濃的商機。

當時，「安娜」已經成為婦女衛生用品的代名詞。「安娜的日子」就是指月經來潮的日子，「我要安娜」就是「我要買衛生用品」，「安娜」的廣告宣傳十分成功，它巧妙地抓住婦女的羞怯心理，讓它在婦女衛生用品中一枝獨秀。

雅芳公司的老闆決心打破「安娜」的壟斷地位，她心想，如果能開發出來一種品質比

「安娜」更好的衛生用品，一定可以爭奪一部分市場。因此，她靠著自己曾在特殊紙製品公司工作多年的經驗，研製出一種比安娜更柔軟、更能吸收水分的衛生棉。

新產品開發出來了，要把它成功推向市場，需要有效的行銷手段。由於，「雅芳」不可能像實力雄厚的「安娜」那樣不惜成本地大做廣告，於是便決定先在包裝上下功夫，使它看起來比「安娜」更能吸引消費者的眼球。

另外，「雅芳」的老闆煞費苦心地想出一種「襯托法」的行銷策略，也就是把自己的衛生用品送到銷售「安娜」的商店，請求商店容許它與「安娜」並列擺放在一起，不動聲色地利用了「安娜」的顯要位置。

這種「襯托法」銷售策略收到了意想不到的效果，婦女到商店看見「雅芳」衛生用品和「安娜」並列擺放，而且被它精美的包裝所吸引。

於是禁不住的叫店員拿來和「安娜」相比較，甚至有些婦女出於一種對新品牌的好奇心理，紛紛購買「雅芳」試用，使用之後，發現它一點也不比「安娜」差，以後更是指名要購買「雅芳」了。而這也讓雅芳牌婦女衛生用品自從推出後，銷量逐漸上升。

「雅芳」又經過幾年不斷地改善自己的產品，市場佔有率遠遠超過了「安娜」，成為知名品牌的衛生用品。

利用別人的知名度來增加自己的曝光度

當你開發出一個新產品，怎樣讓顧客認識你的產品，體會它的「新」和「好」呢？不妨利用別家同類產品的影響和知名度，使你的產品有機會進入顧客視線的「襯托銷售法」。

搞好人際關係，就能讓自己處處「有人幫」

透過人搭線，就比較容易建立起人際關係網，並且速度也會快得多，有一個寬廣的人際關係網，還可以使你更快地得到更多方面的資訊，而資訊對於決策、經營……等等，是尤為重要的。

每個人都想做別人的「貴人」，都想成為別人心目中最重要的人，因此，請求對方幫一個忙，不但能使對方覺得自己重要，而且也能使自己獲得想要的幫助。

班傑明曾經運用這項原則，把一個刻薄的敵人變成了他一生的朋友。那時，班傑明憑著自己的年輕才幹，不但開了一家小印刷廠，還進入卡爾弗城州議會當起助理。可是，議會中一位有錢又能幹的議員卻對他頗不以為然，這位議員不但不喜歡班傑明，還曾經公開斥責他。

班傑明覺得這種情況如果不改善，非常不利於自己的發展，他決定要使對方對自己改觀，甚至喜歡自己，他聽說對方的圖書室裏有一本非常稀奇而特殊的書，就寫給他一封便箋，表示自己非常希望借來一閱。

這位議員馬上叫人把那本書送了過來，過了大約一個禮拜，班傑明把那本書還給議員，並附上一封信，表示非常感謝。

之後，班傑明在議會裏跟這位議員相遇的時候，議員居然一反常態，跟班傑明打起了招呼。自從那以後，他隨時都很樂意幫助班傑明，他們兩人因而成了很好的朋友，一直到他去世為止。

始終做到真誠地與他人交往，你的關係網就會自然地逐漸擴大。

米蘭有一家剛成立的公司，特地在每個招聘員工的個人資料表上，增設了「社會關係」一欄，並且要求應徵人員廣泛地寫上自己所認識的朋友或同學，不管是熟識還是僅限於認識。

然後，這家公司的老闆就從中選擇需要培養關係的人，以及依據這個資料，將新應徵的員工擺在適合他們的職位上。

人際關係是一筆無法衡量的財富

俗話說：「在家靠父母，出門靠朋友。」人際關係是一筆無法衡量的財富。有了良好的人際關係，上哪裡辦事都容易，特別是遇到困難時，容易得到他人援助。對於人際關係的作用，可以用一句話來概括：「你栽培越廣，收穫越大。」贏得人際關係的一個重要方法是，真誠地讚美他人，重視他人。

不要只會等待機會，要主動地去創造機會

不要等待機會出現，而要努力去預見機會，創造機會，只要努力去做，不論在任何失敗的困境下，都會有機會，都會有希望。

一位拉丁作家曾經說過：「機會女神的前額上長著頭髮，但她的腦後沒長頭髮。如果你能夠抓住她前額上的頭髮，你就能夠抓住她。然而，如果被她掙脫逃走的話，即使宙斯也無法將她捉住。」

美國運輸業巨頭、著名企業家來昂那度·真維斯在汽船行業看到了自己的機會所在，他認定自己要在汽船航海方面發展事業，但是，他的這個決定讓家人和朋友都十分震驚。因為，他竟然不假思索地放棄了原本已經蒸蒸日上的事業，到當時最早的一艘汽船上去當船長，而年薪僅為幾千美元。

然而，往汽船業發展的真維斯認為，愛菲爾和華倫已經取得了用汽船在紐約水面上航行

的專有權，這項法令不符合美國憲法的精神。因此，他一再要求取消這個法令，並最終獲得了成功，不久以後，他擁有了一艘自己的汽船。

在當時，美國政府為往來歐洲的郵件要付出大筆的補貼，然而，真維斯卻提出他願意免費送郵件並承諾更好的服務，他的這一要求很快就被接受了，靠著這種方式，他很快就建立起一個龐大的客運與貨運體系。

後來，他預見到在美國這樣一個地域遼闊、人口眾多的國家，鐵路運輸將會大有可為。於是，他積極地投身到鐵路事業中去，為後來建立四通八達的真維斯鐵路網奠定了堅實的基礎。

「自己去創造機會，即能獲得前所未有的成功。」真維斯在運輸業之所以能夠獲得前人所未有的成功，其實，就是他能預見成功，以及能預見到長遠的利益。

隨時做好迎接「幸運之神」的準備

有一句格言：「幸運之神會光顧世界上的每一個人。但如果她發現這個人並沒有準備好要迎接她時，她就會從大門裏走進來，然後從窗子裏飛出去。」因此，我們必須隨時做好準備，才不會讓好不容易光顧自己家門的「幸運之神」跟自己擦肩而過。

走在時間前面的人，就不容易被自己打敗

抓緊你的閒暇時間，抓緊你的生命吧，把它們用於你的工作和事業，用於自我實現，這不是不可能實現的事情，就看你懂不懂得利用別人不屑利用的瑣碎時間。

如果把那些被分割得支離破碎的時間，那些常人不注意的零零碎碎的時間，都收集利用起來，完全有可能使你出類拔萃，獲得傑出成就，也就是只要懂得把一些零零碎碎的時間累積起來加以利用，就能創造豐碩的成果。

譬如等著咖啡煮好的半個小時，兩項工作安排之間的空隙，等候某位不守時人士的閒暇……等等，都被那些成功人士如獲至寶般地加以利用，並獲得讓那些不懂得這個秘密的人，目瞪口呆的成績。

有些人只要將工作效率提高到一〇%，就能夠增加約一般人十倍的收入，而增加一〇%的魔術，最簡單的方法就是每天比別人多出一〇%可以利用的時間。

很多人總認為時間不夠用，關於如何使用時間，如何讓自己比別人多出一〇%可以利用的時間，方法之一就是將你的睡眠時間減少一〇%。

一般人一天的睡眠時間為八小時，早上六點半起床，花一小時的時間梳洗、看新聞、吃早點，然後，七點半準時出門，這是上班族普遍的生活方式。那麼減少八小時睡眠時間的一〇%（約五十分鐘），早上就必須五點四十分起床，六點半出門上班。

這樣做的第一個好處是：大清早的精神特別飽滿，提早一小時坐公車也一定會有座位，你可以在寬敞的公車內坐在舒適的位子上做各種跟工作有關的思考，也就是說，將公車做為你的「行動辦公室」。而且，比往常提早一小時出門上班，在開始工作之前，你足足有一、兩個小時的時間，可以充分利用。

總之，一個人朝氣蓬勃，精力充沛，有助於提升工作效率，耽於安逸則使人萎靡不振，那些慣於走在時間後面的人，也只能在成功的背後遠遠地望一眼而已。

浪費時間等於浪費生命

浪費時間的最大害處並不在於被浪費的時間本身，更具危害性的還在於被浪費的精力。無所事事和懶惰閒散足以麻痺我們的神經，使我們的意志日益萎縮，讓我們輕易地就被打敗。

只要不放棄，就能在絕望中看見希望

不管你在哪裡，不論在何種壓力下，只要不輕易放棄，對你有利的事情總會在前方等著你。

只要放鬆自己，告訴自己希望是無所不在的，那麼即使躺在病床上也能思考，並有所創造。

霍克在住院期間，雖然時間很多，但是除了躺在床上之外，能做的事情並不多，眼見他的存款越來越少，因此他的壓力很大。

有一天，霍克看到送洗回來的衣服底下的硬紙版，忽然得到一個賺錢的靈感。因為很多洗衣店，都會在燙好的襯衫衣領上加一張硬紙板，以防止變形，而這種硬紙板的價格是每千張美金四元。霍克的構想是在硬紙板上加印廣告，再以每千張美金一元的低價賣給洗衣店，來賺取廣告的利潤。

霍克出院之後，立刻著手進行該事，廣告推出之後，霍克發現客戶取回乾淨的襯衫之後，衣領的紙板即丟棄不用。於是，他問自己：「如何讓客戶保留這些紙板和上面的廣告呢？」一瞬間有一個答案閃過他的腦際。

霍克開始在紙板的正面印上彩色或黑白的廣告，背面則加進一些孩子的著色遊戲、主婦的美味食譜，或全家一起玩的猜謎題目……立即獲得很大的迴響，因為，有些主婦為了搜集霍克的食譜，把老公還可以穿一天的襯衫，提前送到洗衣店去洗……

不過，霍克並未以此自滿，他把每千張美金一元的紙板收益捐給美國洗衣工會，工會便推薦所有的會員採用他的紙板，因而讓霍克的事業更上一層樓。

除了上述霍克那種不論身處何地都不放棄思考之外，另外，還必須有不完美也是一種「完美」的體悟。

傳說有一個缺了小口的圓輪子，一路出發去尋找丟失的部分。由於有缺口，圓輪子滾得很慢很慢，讓它可以欣賞著路上的風景，看著花瓣漸漸伸展，聞著四溢的芳香，甚至和小蟲子說著悄悄話。

有一天，它尋到了它所缺少的部分，雖然回復成一個完整的圓輪子，但是，滾速卻變得非常快，讓它再也無法欣賞到路上的美景了。

最後，圓輪子決定放棄它千辛萬苦尋到的那一小部分，仍做一個不完美的圓輪子。

壓力是一種督促你前進的動力

許多人一有不順心的事就給自己添上很重的壓力，情況不受控制，越來越糟。其實，換一個角度想想，壓力也是動力，壓力中也蘊涵著希望，只要你能正確的對待它。

突破逆境，就從相信自己開始

當經過反思，認為自己走的路沒有錯，就應相信自己……把「逆境」看成是人生難以避免的一段路，有了心理準備，自然就會減輕負擔，壓力也會減小。

有位哲人說：「逆境之所以是一位嚴格的老師，是因為它為我們提供了一個重新認識和評價自己目標的反思機會。」的確，「逆境」這位嚴格的老師讓我們反思自己為何會陷入逆境，是自身的原因，還是社會的原因？

若是自身的條件不足，可以透過及時補足自己欠缺的條件來脫離逆境；若是由於社會的原因，則可以根據經驗教訓，來讓自己突破逆境。

然而，我們必須知道，所有成功人士所獲得的成就都是身處逆境時所獲得，而這固然要歸功於這些成功人士的能力或堅強的意志，但善於在逆境中發揮「補償」的心理功能，不能不說是他們成功的訣竅。

「補償功能」原是指一種生理現象。當身體的某一器官產生缺陷時，其他器官的功能就會補償它的不足。如雙目失明的人，其嗅覺、聽覺、觸覺往往會格外靈敏，在一定程度上補償視覺缺陷。

心理也有這種補償功能，比如一個人失去了親人異常痛苦，此時，真誠的友誼和熱情的幫助會給他溫暖，補償了他失去親人的痛苦，還有一種叫轉移焦點的方法，譬如在生活中遭遇不幸，就把精力轉移到別的事情上，從而得到了補償。

在逆境中運用「心理補償」，首先要善於保持自信和樂觀態度，在打擊面前，要能寬慰自己。如果犯了錯誤，要對自己說：「犯錯誤不要緊，只要認識了錯誤，並知道怎樣去改正就好。」如果是遭到挫折，則要對自己說：「不經挫折磨練，不會成就偉大的事業。」因此，運用補償心理時，一定要利用它的積極的一面，讓這種補償的心理為你做更好的服務。

在積極的前提下，運用「心理補償」

心理補償既有好的一方面，也有壞的方面。運用得當，它可以發揮積極的作用，譬如透過自我安慰和自我激勵，取得心理平衡，反之，則可能成為你放縱自己的藉口，例如，賭博者如果也具有強烈的補償慾望，總認為賭輸只是一時運氣不好，那麼其結果可能是越「補償」，賭得越凶，最終難以自拔。

不用錢的「微笑」，卻能獲得用錢買不到的幸福

笑的影響是很大的，即使它本身無法看到。一切的事物，都來自於希望，而每一個誠懇的微笑，都會讓你實現希望實現的幸福目標……

據報導，美國的電話公司有個專案叫「聲音的威力」，在這個專案裏，電話公司的客服小姐會建議你，在接電話時要保持笑容，因為你的「笑容」會經由聲音傳達給對方。

一家電腦公司的人事部經理，為了替公司的資訊部門找一個電腦博士，傷透腦筋，最後他找到一個非常好的人選—剛從台大電機系博士班畢業的振義。

幾次電話交談後，人事部經理知道還有幾家比他們公司大，而且有名的科技公司也希望聘請他，但最後振義卻選擇到他們公司上班，讓他非常高興。

振義開始上班時，人事部經理問他，為什麼放棄其他機會而選擇他們公司？振義停了一下，然後說：「我想是因為其他公司的經理在電話裏都是冷冰冰的，官僚氣息很重，那使我

覺得這些公司跟一般公家機關沒什麼兩樣，但你的聲音聽起來似乎真的希望我能夠成為你們公司的一員，我甚至覺得你在跟我講電話的時候是笑著說的……」

這就是「微笑的力量」，它不花一分錢，卻創造了很多讓你意料不到的成果，不僅為自己搏得別人的好感，也讓自己得到幫助和創造機會。

古語說得好：「和氣生財。」一個沒有微笑面孔的人，是做不成生意的。如果你微笑不起來呢？不妨按照以下動作每天照著做一遍：每天你出門的時候，把下巴縮進來，頭抬得高高的，讓胸部充滿空氣，沐浴在陽光中，微笑著招呼你的朋友們，每一次握手都使出力量。不要擔心被誤解，不要浪費一分鐘去想你的敵人，試著在心裏肯定你喜歡做的事情。

最後，在每天掛著笑容去面對一切的情況下，你會發現自己更容易達到目標……

用微笑面對以前不敢面對的一切

微笑就是希望，微笑就是力量，從現在開始，就善用不花一分錢的微笑作用，來改變自己的形象，以及和別人的關係，如此一來，你就可以用微笑去面對以前不敢面對的一切。

當一個主動去敲「伯樂」大門的「千里馬」

大多數人都會認為名人或有傑出成就的人，往往是高不可攀的，因此，從來不敢產生找他們的念頭，甚至連想都不敢想，這實際上是自己給自己關上了可能成功的大門。

有人說：「很多人經常會感慨自己是一匹千里馬，但為何會始終遇不到賞識自己的伯樂，但問題是你不主動讓伯樂知道你的才華，又怎能讓伯樂發現你呢？」

其實，很多成功人物都很親切，而且，也都非常樂意提攜和培養有才華的後輩。因此，如果你確實有才能，就要抓住一切可能在成功人物面前表現的機會，不要以為在成功人物面前展示才能，就是班門弄斧，更不要以為你不表現自己的才能，這些成功人物會主動發現你。

羅德．法拉第出生在一個窮人家庭，他曾在裝訂廠當過七年的學徒。有一次，他在裝訂《大不列顛百科全書》時，無意間看到一篇介紹電的文章，這篇文章就像一個漂亮女孩一樣深深吸引他，他一口氣讀完了這本書，隨後，他找了一個舊的平底鍋，一個玻璃藥水瓶，再加上幾樣簡單工具，就開始做起了實驗。

有次，羅德．法拉第有機會去聽著名化學家韓弗理．大衛斯先生的演講，聽完演講的他鼓足了勇氣，給這位偉大的科學家寫了一封信，並附上自己聽演講時做的筆記。

一個月後，法拉第接到一封韓弗理．大衛斯先生親筆書寫的邀請信，次日早上，他拜訪了韓弗理．大衛先生。大衛先生請他做實驗室的助理工作，之後，當大衛先生做實驗時，法拉第那充滿求知慾的眼睛始終沒有離開過他。

經過一段時間的觀察和學習，法拉第自己也做起實驗，並在很快的時間之內，就獲得突飛猛進的成就，並受邀去為一些研究人員上課，這位當初沒有任何「機會」的窮孩子終於站在巨人的肩膀上，攀登上科學的巔峰。

後來，羅德．法拉第由於卓越的成就，被任命為伍爾韋奇皇家學院的教授，英國物理學家德爾甚至認為：「法拉第是目前最偉大的實驗哲學家。」然而，當初一手挖掘羅德．法拉第的韓弗理．大衛更自豪地說：「羅德．法拉第是他一生中最大的發現。」

千里馬常有，而伯樂不常有

如果你是「千里馬」就要主動在伯樂面前，顯示出自己的才華和超乎常人的能力，總之，一個人要懂得讓別人看到你的能力，才不會讓自己落到被打敗的窘境。

想成功，就從記住別人的名字開始

每個人都很重視自己的名字，在與人交往中，記住別人的名字非常重要。設想一下，一個朋友或同事，看見你的時候，總是這樣叫：「唉！那個誰……」你的心情會是什麼樣呢？當然很不爽，甚至覺得他根本沒把你放在眼裏。

卡內基曾說：「每個人每天最喜歡聽到別人對自己說的話，莫過於別人叫自己的名字，因為這代表著自己受到別人的重視。」每個人都有自己的名字，名字是做什麼用的呢？當然是用做被別人稱呼的，如果你想跟別人保持良好的關係，那麼就記住對方的名字，並把它大聲叫出來，表明了你對他的重視。

安德魯．卡內基被稱為鋼鐵大王，他自己對鋼鐵的製造懂得很少，他手下有好幾百個員工，幾乎每個員工都比他瞭解鋼鐵，但是他知道怎樣待人處世，這就是他成功的原因。

安德魯．卡內基在小時候，就發現人們非常重視自己的名字，於是，他便利用這項發現，贏得跟別人合作的機會。

當他十歲的時候，有一次抓到一隻母兔，並且很快發現了整窩的小兔子，但由於他沒有東西餵牠們，他就對附近的孩子們說，如果誰能找到足夠的紅蘿蔔，餵飽那些兔子，他就以誰的名字來替那些兔子命名，這些孩子們就爭相去找紅蘿蔔。

安德魯．卡內基在成年之後，這種記住及重視別人名字的方式，就變成他領導才能的秘訣，他以能夠叫出許多員工的名字為傲，因為，他認為當一個員工被自己的老闆叫出名字時，肯定興奮無比，覺得自己受到重視，安德魯．卡內基很得意地說，他就是利用這種記住員工名字的方式，讓他的鋼鐵廠未曾發生過罷工事件。

好幾年之後，安德魯．卡內基在商場同樣利用這個人性弱點，賺了好幾百萬元。例如，他希望把鋼鐵軌道賣給賓夕法尼亞鐵路公司，於是，就和該公司董事長湯姆商談之後，隨即在匹茲堡建造了一座巨大的鋼鐵工廠，取名為「湯姆鋼鐵工廠」，順利地取得和賓夕法尼亞鐵路公司的合作。

記住別人的名字，是人際交往的第一步

如果你想讓別人覺得你對他非常重視，那麼就從記住別人的名字開始吧！因為如果你連最基本的別人叫什麼名字都不知道，那麼不論你跟別人說你有多重視他這個朋友，別人也不可能會相信！

第三章　越是無能為力的時候，越是不要放棄

生活總是這個樣子，
只要多想美好的事情，
你就會找到快樂，走向成功；
只要多想失意的事情，
就會走向失望的深淵，
就會無力面對人生，
無力面對失敗……

讓別人知道你有多好，是成功必備的「廣告」

想要成功，就要打造一個好的廣告，想要打造一個好廣告，就要對消費者的心理進行透徹的研究分析。

眾所皆知，雖然日本鼓勵貿易自由進出口，但是由於該國人的生活習慣和民族意識的關係，因此，非日本本國產品，很難攻進日本市場。

然而，世界上沒有攻不破的堡壘，只要有辦法和有毅力，照樣可以攻佔日本市場，我們來看看瑞士的雀巢咖啡公司是怎麼做到的。

為了攻進日本茶葉市場，雀巢咖啡公司巧妙運用日本習俗，尋求共鳴的策略，以二、三年的時間就克服攻進日本市場的難度，讓雀巢咖啡成為不少日本人生活的必需品，取代日本不少的茶葉市場，每年銷售數千萬美元，而讓他們取得這樣大的成功，主要要歸功於廣告的效力。

在正式攻入日本市場之前，雀巢公司委託當地市場調查機構對日本社會各階層人士調查研究，結果發現戰後出生的年輕人比較開放，對外界事物易於接受，針對上述結論，雀巢公司採用不同的行銷策略，透過廣告向不同層次的人傳達產品的訊息。

對於年輕一代的日本人，雀巢公司以新潮、時尚、感性和愛情為表現主題，讓他們感受到雀巢咖啡的超國界的時代氣息，視其為新生一代的生活必需品。

對於成熟、穩重、事業有成的中年人，則用「金牌咖啡」巧妙地跟「成功」做連結，針對日本習慣於飲茶的老年人，則以日本的傳統文化表現咖啡的味道，降低老一輩日本人對咖啡的排斥性。

打造「高品味的格調，現代人的飲料」的咖啡風格一直是雀巢公司的追求，雀巢咖啡成功的攻進日本市場，是該公司在行銷策略上，設法符合當地風土人情、行為模式，乃至心理需求，從而引起當地消費者的認同和共鳴的結果。

尤其是要以新產品來改變當地人原有的生活習慣時，具有策略性意義並能為人們所接受的廣告是非常重要的。

所有大賣的商品，賣的都是廣告

廣告的魅力，眾所周知，大部分的商品賣的都是廣告。一個廣告的好壞，直接影響著商品的銷量。因為，產品唯有透過廣告的傳播力，才能廣泛地告知消費者，至於消費者是否接受，關鍵在於廣告能否捕捉住消費者的心理。

逆向思考，就能獲得別人無法獲得的成功

發明創造並不是科學家的專利，有時反而是普通人在日常生活的專利，只不過有的人善於發現，有的人不善於發現罷了。

柯達公司的創始人喬治・伊士曼認為：「照相機應像鉛筆一樣簡單，誰都可以使用。」顛覆了當時人們認為剛問世不久的照相機，是一種精密複雜的儀器，並不是一般人可以隨時使用的固有觀點。

一八八八年六月，喬治・伊士曼把「柯達第一號」小盒型照相機送進了市場，並用「請你按下快門，其他的事由我來做。」做為行銷這種新產品的廣告詞，一九六三年，柯達公司依照這種「簡單理念」推出自動式的「傻瓜相機」時，風靡全世界。

而這種「傻瓜相機」標榜的是膠捲的裝卸簡單到連跳傘運動員從飛機上躍出，在降落傘張開前的瞬間都能完成，它的好處還在於售價便宜，其價格大約在五十美元左右，最便宜的

只售十美元，讓這種自動式的「傻瓜相機」一推出立即在全世界造成熱銷，讓柯達公司大賺一筆。

柯達成功的原因就在於「一反常規」，讓相機的操作簡單到不能再簡單，也就是只需輕輕一按，便可完成照相過程，就連「傻瓜」也能輕易操作。

更出人意料的就在「傻瓜相機」一片熱銷的情況下，柯達公司竟然向外表示：「本公司絕不獨佔『傻瓜相機』的專利，我們歡迎所有廠商仿造它。」

柯達公司這種無私的「胸襟」絕不是平常人可以擁有的，因為，一般人在自家產品暢銷時，肯定會千方百計保守「商業秘密」，以專利壟斷市場，獨享其利。

柯達的做法，讓人疑惑它的目的所在，然而，這正是柯達成功的另一訣竅，現在，提起柯達，人們首先想到的不是自動式的「傻瓜相機」，而是大名鼎鼎的柯達膠捲。

原來，當初柯達公司打的「如意算盤」就是「我給你一盞燈，讓你不斷來買我的油」，也就是放棄專利讓其他照相器材廠商共同拓展世界相機市場，最終必然刺激膠捲的銷售。

逆向思考，往往能產生全新的創意

很多時候，如果我們能打破常規，逆向思考，別出心裁，往往能產生全新的創意、驚人的成果。

世界在發展，人的觀點也在不斷變化，一成不變的事物是不存在的，敢於求變，敢於創新，敢於異想天開，才能夠不讓自己被輕易地打敗。

過度的「執著」就會變成不懂變通的「頑固」

有些事情過度的堅持，不一定是對的，而且有時候反而會適得其反，你必須隨時動動自己的腦筋，做出最合理的判斷，適時調整前進的方向，因為即便是真理也有錯誤的時候，凡事要適時變通才能成功。

稻盛和夫曾說：「堅持自己的執著雖然沒有錯，但是當你執著的方向是錯的，還不肯適時修正，那麼你的這個執著就變成冥頑不靈了！」

有一次，天宇和志雄一起上山打獵，當他們在山裏打獵打了半天，卻連一隻兔子都沒打到，但卻在草叢裏面發現兩大包棉花，兩人非常高興，心想將這兩包棉花拿到市場賣掉，應該可供家人一個月衣食無虞，當下兩人各自背了一包棉花，飛速趕路回家。

走著走著，天宇看到山路邊，有一大捆上等的細麻布，足足有十多匹之多。他欣喜之餘，和志雄商量，一起放下背上的棉花，改背細麻布回家，因為細麻布的價格比棉花要貴上

二、三倍。但志雄卻認為自己背著棉花已走了一大段路，到了這裡丟下棉花，豈不枉費自己先前的辛苦，堅持不願換背細麻布。天宇見狀，只得自己丟下棉花，改背起細麻布，繼續跟志雄下山。

又走了一段路後，背著細麻布的天宇望見林中閃閃發光，走近一看，地上竟然散落著幾箱黃金，心想這下真的發財了，趕忙邀志雄一起放下肩頭的細麻布及棉花，改用挑柴的扁擔挑黃金。

豈知，志雄仍是不願丟下棉花，以免枉費辛苦，並且懷疑那些黃金不是真的，勸他不要白費力氣，免得到頭來空歡喜一場。發現黃金的天宇只好自己丟下肩上的細麻布，然後挑了兩箱黃金，和背棉花的志雄趕路回家。

走到山下時，無緣無故下了一場大雷雨，兩人找不到地方躲雨，被淋成落湯雞，更不幸的是，背棉花的志雄肩上的大包棉花，吸飽了雨水，重得完全無法再背得動，只好不得已丟下一路捨不得放棄的棉花，空著手和挑黃金的天宇回家。

雖說，對任何事都必須執著，對立定的目標固然要堅持不懈，但是當我們發現自己當初所立的目標有所偏差時，就要適時地調整目標，學會變通，放棄無謂的固執。

如果執著有所偏差，就要懂得適時變通

有時候，一個人對某件事情執著，雖然是一件好事，但是如果過度執著，不懂得適時變通，就會變成「死腦筋」和頑固不通了，因為，所有被打敗的人，都是堅持自己的「執著」，不懂得變通的人。

瞭解市場的需求，才能打敗自己的盲點

經營者要站在時勢變化的前沿，審時度勢，研究出符合消費者變動的產品，才能扭轉敗局，擺脫被動。

有位行銷顧問表示：「如果想讓自己的產品暢銷，必須想辦法賦予產品一種『生命力』，進而讓產品可以讓消費者產生共鳴。」

身長四十多公分的「椰菜娃娃」是一種獨具風貌、富有魅力的玩具，與以往的洋娃娃不同，以先進電腦技術設計出來的「椰菜娃娃」有著不同的髮型、髮色、容貌，不同的鞋襪、服裝、飾物，滿足了人們對個性化商品的要求。

「椰菜娃娃」是美國奧爾康公司總經理羅勃創造的。因為透過市場調查，羅勃瞭解到，歐美玩具市場的需求正由「電子型」、「益智型」轉向「溫馨型」。於是，他按照自己的這個觀察，設計出這種溫馨的「椰菜娃娃」玩具。

「椰菜娃娃」的成功，還有其深刻的社會原因，父母的離婚給小孩造成心靈創傷，也使得不到子女撫養權的一方失去感情寄託，而「椰菜娃娃」正好填補這個感情空白，這使她不僅受到小孩子的歡迎，而且也在成年婦女這個族群暢銷。

羅勃抓住了人們的情感需要大做文章，他別出心裁地把「椰菜娃娃」變成了「領養娃娃」，奧爾康公司每生產一個娃娃，都要在娃娃身上附有出生證明、姓名、手印、腳印，臀部還蓋有「接生人員」的印章，顧客領養時，要按規定簽署「領養證書」，進而把「椰菜娃娃」變成了人們心目中有生命的嬰兒。

經過對顧客心理與需求的分析，奧爾康公司開始銷售與「椰菜娃娃」有關的週邊商品，包括娃娃用的床單、尿布、推車、背包，以及各種玩具。因為，羅勃認為領養「椰菜娃娃」的顧客既然把它當做真正的嬰兒，當然把購買嬰兒用品看成是必不可少的事情，這也讓奧爾康公司的銷售額大幅度增長。

如今「椰菜娃娃」的銷售地區已擴大到英國、日本和香港等國家和地區。羅勃正考慮製造不同膚色及特徵的「椰菜娃娃」，讓它被世界各國的「養父母」領養，讓奧爾康公司在全世界的玩具市場上站穩領先品牌的地位。

奧爾康公司緊緊抓住社會形勢變動中產生的需求，發揮想像力，虛構了惹人喜愛的「椰菜娃娃」，並由此引發了一系列相關產品的誕生，使公司大發其財。

讓產品成為消費者的情感寄託

如果想讓自己的產品暢銷，必須想辦法讓自己的產品成為消費者的情感寄託，換言之，就是要讓自己的產品不再是一種冷冰冰的物品，而是一種有生命力的活生生產品。

給自己一個重新開始的機會

當一切看起來是那麼令人失望時，你要做的，就是嘗試一切辦法。嘗試不會讓你損失什麼，然而，可能為你帶來全新的一切。

敞開你的心胸，接受朋友們的建議，並去多接觸新的人和事，從中尋找新契機，不要太固執，多接觸一些事物，你的興趣廣泛了，路也就跟著多起來了。

當治樺丟掉工作的時候，世界似乎整個翻轉了過來。八〇年代，他還在念大學的時候，暑假就到電腦公司打工，後來就一直待在那裡，逐步往上攀升。後來公司被賣掉，新的公司內進行了一次全面調整，裁員、降低成本。突然間公司給了他一封mail：「你去年表現很好，但是大環境變了，這裡恐怕沒有你的未來了。」毋庸多說，治樺被裁員了，但他相信很快就會有其他的工作機會。

但有許多原因使機會沒有立即出現，因為當時經濟長期不景氣，很多公司都遇缺不補，後來他接下一份在中部的工作，於是就帶著老婆和孩子搬到中部，希望那裡是他與家人的一扇新門。但是經濟持續惡化，他們無法把北部的房子賣掉，所以不能實現在中部落腳的夢想。於是他又回到北部，更加專心致志要在北部闖出一片天地。

然後，經與朋友聯絡，以及寄出一堆履歷表後，有一家小型的電腦公司問他是否有興趣到他們公司上班。老實說，他並不想，但他卻說，好啊！他決定給自己一個機會，結果他發現了一個全新的世界，他發覺這家電腦公司雖然小，但卻很有遠見也很有計畫，他立刻就察覺到，在比較小型的公司工作是很好的機會，他同時也發現，在這家小型公司可以輕鬆地調整到一種新的生活方式。

然而，在這家公司工作一年之後，治樺深深體會到他可以把自己二十年工作經驗貢獻給一家二十名員工的公司，比貢獻給一家兩百名員工的公司，還有意義！

不管怎樣，你一定不要放棄

當事情陷入困境，甚至一切看起來是那麼無法挽救時，你一定不要放棄。堅持下去，說不定會讓自己「柳暗花明又一村」呢？不管怎樣，你一定要保持開放的心靈，接受任何新的事物，只要擺脫自我意識的束縛，並積極努力地去嘗試，不停追尋，就能發現新的機會。

所有的成功，都藏在別人不想做的事情當中

仔細觀察一下我們的市場，有些產品成千上萬家企業競相生產經營，而有些產品雖有市場需求，竟沒有人生產經營。一邊是殘酷競爭，一邊則沒有競爭，只要你能瞄準沒有競爭的市場空缺，能不成功嗎？

有位名人曾經說道：「舉凡現在世界的知名企業，譬如微軟、google、蘋果電腦、臉書、Youtube……其實，都是從做市場沒有的產品開始起家的……」因此想要創業，不一定要在競爭激烈的「紅海」拚個你死我活，你完全可以瞄準市場需求的空缺所在，抓住有利時機，從激戰不休的競爭中脫穎而出。

日本創惟集團不生產高檔時裝和名牌服裝，而是專門為身障人設計和生產各種服裝，創惟集團的老闆川下奈子是一位身障婦女，過去她曾經營過室內裝潢公司，可是就在她的事業一帆風順的時候，突然中風導致左半身癱瘓，給了她毀滅性的打擊，但是當她從極度痛苦中

擺脫出來冷靜思考時，她告訴自己：「必須振作起來，不能讓這輩子就這樣了結！」

然而，對於一個半身癱瘓的人來說，要做成事業談何容易，就拿穿衣服這種簡單的事情來說，她每天都要非常吃力地花上十多分鐘或更長的時間。

「難道就不能設計出一種讓身障人容易穿脫的服裝嗎？」而川下奈子這個念頭也重新燃起了她的事業心。就這樣，川下奈子創辦了全世界第一家專為身障人設計和生產服裝的公司──創惟集團。

創惟集團開張後，因為確實是抓住了一部分特殊族群的需要，因此很快就打開市場通路。川下奈子設計的服裝，比一般服裝還有設計感，因為，川下奈子認為身障人很容易失去信心和勇氣，服裝的款式及色彩講究一些，也能增強他們的信心。

在日本站穩腳步後，川下奈子計畫要將創惟集團的服裝打進國際市場，並得到日本政府的支持，目前，川下奈子已與美國一家同行組成一個合資公司，在美國生產和銷售「創惟」牌服裝，就連艾威琳．甘迺迪這位名門望族的後裔，也遠道而來到日本，與川下奈子協商業務合作事宜。

做別人沒有做過的

你先想到並把它做出來，那麼你就是獨一無二的，你就是成功者。只要能善於觀察，獨具慧眼，做別人沒有做過的，形成自己的特色經營，你不去找成功，成功也會來找你。

越是無能為力的時候，越是不要放棄

生活總是這個樣子，只要多想美好的事情，你就會找到快樂，走向成功；只要多想失意的事情，就會走向失望的深淵，就會無力面對人生，無力面對失敗……

當我們感到無能為力的時候，其實，就是距離成功越近的時候，但前提是你在感到無能為力的當下，絕對不能放棄。

有時候，當我們處於惡劣的環境中，的確無力改變現實，但是，我們卻可以選擇用樂觀開朗，絕對不放棄的心態來面對惡劣環境，不讓自己被惡劣環境打敗。

身為猶太裔心理學家的林克，二戰期間被關進納粹集中營，每天受到嚴刑拷打，遭遇極其悲慘。有一天，他赤身獨處於囚室，忽然頓悟了一個道理，他發現在刺激與反應之間，自己還有選擇如何反應的自由與能力，也就是從客觀環境上來看，他雖然完全受制於人，但自我意識卻是完全獨立和自由的，而這種自由超脫於肉體束縛之外，是納粹永遠也無法剝奪的。因為，他可以自由地在腦海裏設想各式各樣的情況，譬如，獲釋後將如何站在講台上，把這一段痛苦折磨中學到的寶貴教訓，傳授給自己的學生……然而，他的這種體悟，日後被命名為「人類終極的自由」。

處在最惡劣的環境中，林克運用難得的自我意識天賦，發掘了人性中有「選擇的自由」。這種自由來自人類特有的四種天賦。除了「自我意識」，我們有「良知」，能明辨是非和善惡；還有「想像力」，能超出現實之外；更有「獨立意志」，能夠不受外力影響，自行其是。

林克在獄中發現的人性準則，明確指出人只要具備「選擇的自由」，就可以改變自己的性格，譬如身處惡劣環境中，原本懦弱的性格，會因為心理上的「選擇的自由」變成堅毅，推翻了佛洛伊德認為人的性格在幼年時期就已經定型，而且會影響人的一生，日後改變的可能性微乎其微的理論。

寧願被自己打敗，也絕對不要放棄

當我們面對無能為力的困境時，寧願被自己打敗，也絕對不要放棄，要試著給自己一點失敗和喘息的空間，來等待時機，然後在此期間，充實自己不足的地方，並且在內心累積自己再出發的能量。

被別人打敗之前，不要先被自己打敗

及時應變，就能在被完全擊垮之前扭轉局面，掌握主動權。在應變時，應充分瞭解對方的需要，做好針對性的準備，並立足於自我優勢，如人員優勢、地形優勢、技術優勢等，充分利用和發揮，最重要的是多付出一點點，以小利搏大利。

「危機」是有些成功者最好的朋友，因為這些成功者最擅長的就是從自己所面臨的危機當中發現成功契機。

美國的波音公司和歐洲的空中巴士公司，曾為了爭奪日本「全日空」的一筆大生意，雙方都利空出盡，全力爭取這筆生意。由於兩家公司的飛機不論在技術指標上，還是報價都不相上下，頓時，讓「全日空」陷入兩難的選擇。

但就在這個要命的關鍵時刻，波音公司在短短兩個月內，就發生了三起波音客機的空難事件，來自四面八方的各種指責都指向波音公司而來，這使得波音公司飛機的安全性和可靠性受到了普遍質疑。而這對波音公司正與空中巴士爭奪「全日空」的那筆買賣來說，無疑是一記致命的打擊。

許多人都認為，這次歐洲的空中巴士贏定了，但波音公司的董事長威爾遜並沒有因此就認輸，他馬上向全體員工發出了甲級動員令，並採取緊急的應變措施，力圖將危機化為轉機。

首先，威爾遜答應為全日空航空公司提供財務和配件供應方面的便利，同時低價提供飛機的保養和機組人員培訓，全面擴大了優惠條件；接著，提出了願和日本合作製造更先進的七六七型機的新建議。而且，波音原定與日本三菱、川琦和富士三家著名公司合作製造七六七客機的機身，不但加大了給對方的優惠，還主動提供了價值五億美元的訂單。

透過以上這些緊急應變策略，波音公司搏取到日本企業界的普遍好感，最後終於戰勝了對手，與「全日空」簽訂了高達十億美元的合約。

然而，這份合約不僅讓波音公司度過了難關，漂亮地打了一場反敗為勝的硬仗，還為自己開拓了日本這個市場。

從能做的開始做起

在危機來臨的時候，不必慌亂，千萬別束手無策，要全力以赴，從能做的開始做起，否則，還沒被別人打敗之前，就被自己打敗，同時，以強烈的求新求變意識，摸索對策，在最短的時間內，扭轉敗局，反敗為勝。

夢想不是今天想，明天就能實現的

夢想不是今天想，明天就能實現的，而是一塊一塊拼湊起來的，不斷地努力，從點滴累積，持之以恆，終將成功。

有句話說：「把你的夢想具體化，一小塊一小塊地去完成它，你將很自然地到達成功彼岸。」

你玩過拼圖遊戲嗎？那麼多相似的小卡片要拼成一幅完整的圖，似乎是不可思議，但最終你可以完成。然而，拼造夢想的過程就如同拼圖的過程。

在拼圖的時候，如果你不知道完整的圖畫是什麼，就很難拼成。實現夢想也是如此，你必須能夠清楚地想像在你心中的夢想，就好像在端詳拼圖盒上的圖畫一般。

然而，並不是人人都能成功，其實，未能達到夢想的主要因素是由於他們太早放棄嘗試將夢想的圖片一一組合完成，也就是在追尋夢想時，他們往往草草決定進行的方向，因此，過程中不免會遺漏其中的一張圖片，或是根本無法理解如何組合這些圖片，使夢想得以實現。

總而言之，必須相信你的夢想是可能實現的，而且相信構成夢想的所有圖片，終究可以組合在一起。

阿德是一家超級市場聘雇的最基層雇員，如果要裁掉什麼人的話，他大概是第一個被考慮的對象。

因為，他只是一個不起眼的包裝工，但他卻夢想成為老闆眼中不可或缺的員工，他要如何辦到呢？

首先，他告訴載貨部門的主管：「我沒事的時候，可以來這裡幫忙，多瞭解一下你部門工作的情形。」之後，他跟畜產部門經理說：「我希望有空時向你學習，瞭解你們包肉和保存的過程。」然後，他又分別到烘焙、安全管理、清潔、甚至信用部門幫忙。

三個月後，阿德幾乎在公司許多部門都實習過了，所以當某部門有人請假時，他們自然會想到阿德。

幾個月過去了，當超級市場因為經濟不景氣，必須裁掉一些人，當然不會裁掉阿德。而且，假設景氣回溫，生意復甦，超級市場想要擴充，出了一個主管的職缺，老闆又會考慮誰呢？當然可能是阿德。

你必須看清楚你想成為什麼

夢想不是永遠遙不可及的，也不是一蹴而就的，而是一小塊一小塊拼造完成的。你必須看清楚你想成為什麼，以及想要做什麼，即使夢想不是一個具體的目標，你也可以透過拼造的方式來達成。

先完成別人想要的，你就會得到你想得到的

當別人感到有壓力鬱悶時，當別人無助時，你的一句輕輕問候和關懷，無疑是最好的靈丹妙藥，即使治不好他的心病，也能減輕他的痛楚。

某家銀行的客服中心，有天接到一位叫做美莉的存戶寄來的感謝信。

「某某銀行董事長您好，您知道您的銀行行員有多棒，前幾天我去您的銀行存款，在排了一段時間的隊之後，有位叫做美慧的行員，親切地跟我打招呼，並且關心地問了我母親出院之後的身體恢復狀況，因為，我母親前陣子剛從醫院動完手術出院……」

看完以上這封感謝信之後，不用懷疑，這位寫信的美莉肯定會和這家銀行繼續往來，因為，能關心對方的親人，往往比關心對方本人還要使人感激。

明華是一個研究所碩士班的學生，由於他的碩士論文題目是跟「擴增實境」有關的研究，他知道某家資訊公司的張總經理對「擴增實境」非常有研究，於是就透過關係跟這個張

總經理約見面，當明華進入張總經理的辦公室時，一個年輕的女秘書從門邊探頭出來，告訴張總經理，她這天沒有什麼郵票可以給他。

「我在為我那個十歲的女兒搜集郵票。」張總經理向明華解釋道。

明華說明他的來意，並開始提出問題，豈知，張總經理跟明華說，自己等一下還有一個會議要開，沒時間跟他詳細解說，但是可以給他一個專門介紹「擴增實境」的網站網址。

明華碰了「軟釘子」之後，走出張總經理的辦公室，頓時不知道該怎麼辦？但是，他突然想到張總經理為他的十歲女兒搜集郵票的事……他心想他在銀行國外部門工作的哥哥，經常會從來自世界各地的信件上取下郵票。

第二天早上，明華再去找張總經理，他跟秘書說，他帶了一些郵票要送給張總經理的女兒，張總經理看到明華帶來的郵票之後，滿臉帶著笑意，除了向明華道謝外，也主動將明華想要知道的「擴增實境」資訊詳細地告訴明華，而且，還給了明華一些「擴增實境」的研究資料，讓明華大有所獲。

主動給人一些出乎意料的關懷

在工作或者生意交往中，不要限於工作或冷冰冰的談判，主動給人一些出乎意料的各方面關懷，往往能使對方感激倍至，銘記在心，因此，向別人表示你的關切吧，你會得到比自己付出的關切還要多的關愛。

第四章　只要敢做夢，就沒有做不到的事

因為年輕，所以我們期待成功，
期待一個美好的未來，
目標很遠，但必須跋涉，
我們告訴自己不能停下來，
也因為夢想的遙遠，
所以我們必須在期待中成長。

知識不是力量，而是用不完的財富

有人說：「知識能引導人通向成功，擁有了知識，也就擁有了財富。」這句話聽起來雖然有點老生常談，但卻是一個不爭的事實。

培根曾經說過：「知識就是力量！」但是，猶太人卻經常教育他們的小孩：「知識就是財富！」的確，只要你活著，知識就永遠跟著你。任何東西都是有價的，都可以失而復得，唯有知識才是人生無價之金幣。

在猶太家裏的孩子在成長過程中，父母幾乎都會問他們一個問題：「如果有一天我們的房子被燒了，你將帶著什麼去逃命？」

天真無邪的孩子，自然會想到錢這個好東西，因為，沒有錢哪能有吃的、穿的、玩的，也有的孩子會說要帶家中的黃金，有了黃金還愁會缺什麼？

但是，父母會進一步問：「有一種沒有形狀、沒有顏色、沒有氣味的寶貝，你知道是什麼嗎？」

要是孩子還是答不出來，父母會直接告訴他說：「你要帶走的不是錢，也不是黃金，而是知識，因為，知識是任何人都搶不走的。」

其實，在知識迅速更新和擴大的當今世界，要想成為每一種領域的專家是不可能的。然而，一般來說，懂得向別人提聰明的問題，並且知道自己是否得到正確回答，是你除了知識之外，跟對手正面交鋒的一種必備應變能力。

如果對手是一位專家，他對技術方面比你有研究有知識，甚至發表過幾篇論文，而你自認自己在技術的知識方面，確實沒有對手厲害，也不要過分受其影響。儘管他們在某些技術方面比你強，但你也有你自己的價值，而且，如果他們不需要你提供給他們的知識，他們又何必坐在這裡跟你週旋呢？

因此，你必須訓練自己偶爾說：「我不知道你在說什麼……你浪費了我三十分鐘時間。」或者問：「你能用比較簡單易懂的通俗語言解釋一下嗎？」

換言之，如果你懂得將一番不敬的言語和少許無知，與禮貌的堅持和提問題搭配並用，常會使那些所謂的專家改變態度和行為。

不要認為有學問的人，一定比我們懂得多

人們總是對有學問有知識的人，懷有很深的敬畏。我們大多數人很少懷疑會計師、醫生、律師、股票經紀人、科學家、教授……等等專業人員所說的話。我們為什麼不懷疑這些人呢？因為，我們莫明其妙地相信，在他們的專業領域中，他們比我們懂得多。

敢做賠本生意的人，才能賺到別人無法賺到的錢

俗話說：「捨不得孩子，套不到狼。」有失必有得，要想獲得大的成功，就必須學會放得下眼前的利益。

在激烈的競爭中，有時犧牲一點利益，反而是獲得更大利益的開始。當你要進入一個新的市場時，或者經營的產品在市場中處於劣勢時，吃點小虧之後，再賺大利，不愧為一種高明的謀略。

日本繩索大王島村芳雄原來是一家包裝公司店員，有一天，他在街上發現提紙製購物袋上街的人越來越多，隨後，他又去參觀一家紙袋工廠，看見工廠員工趕工製作紙袋的景象，他心想，將來紙袋一定會風行的，因此，製作紙袋需要的繩索也一定會跟著有市場需求，於是他毅然決定辭職，投入製作紙袋繩索的事業。

在一開始，島村芳雄採用一種奇怪的「原價銷售法」，即他在麻繩產地以五角一條的價

格大量購入麻繩，又照原價賣給東京一帶的紙袋工廠。就這樣，島村芳雄做了一年完全無利潤反而賠本的生意，但是，「島村芳雄的繩索比別人便宜」的口碑傳遍了整個日本，讓島村芳雄的訂單從各地如雪片般飛來，於是島村芳雄開始了他的第二步行動。

他拿著買麻繩的收據前去與訂貨客戶們訴說：「到現在為止，我沒有賺你們一分錢，但這樣下去，只有破產一條路了。」他的坦白，讓客戶心甘情願地把繩索的價錢提高到五角五分一條。

然後，他又到麻繩產地與廠商協商：「你賣給我五角一條繩索，我是照原價賣出的，因此，才有了這麼多的訂貨，這無利而賠本的生意我是不能再做下去了。」繩索的廠商因為第一次遇見像島村芳雄這種做賠本生意的人，於是就將每條繩索以四角五分的價格供應給他。

這樣兩頭一交涉，一條繩索就賺了一角錢。而他當時一天就有一百萬條訂貨，其利潤就是相當可觀的十萬日元了。短短幾年時間，島村芳雄就從一個幾乎是一貧如洗的窮光蛋搖身一變成為日本繩索大王。

島村芳雄雖然在一開始時，吃了大虧，但完全無利潤的賠本生意，不僅使他贏得了大批的客戶，而且又迫使其他對手退出競爭，使他佔有了大部分的市場，贏回了更大的利益。

不要對眼前的利益斤斤計較

在激烈的市場競爭中如何取勝呢？如何找到屬於自己的市場？這些都是一個創業者要面臨的挑戰。

有失必有得，有得必有失，要把目光放長遠些，看到長遠的利益，不要對眼前的利益斤斤計較。

熱誠的態度，決定你的成功到什麼程度

愛因斯坦說：「天才和勤奮之間，我毫不遲疑地選擇勤奮，它幾乎是世界上一切成就的催生婆。」的確，勤奮是成功的必備條件，而熱誠則是勤奮的動力。

一個人如果想成功，他必須把自己全部的生命熱誠都投入進去，對個人而言，成功與失敗的分界線往往在於有的人憑著熱誠全心地投入，而另一些人卻不專心致志。

從職棒界轉入保險業的著名人壽保險推銷員法蘭克．派特說，當時他剛轉入職業棒球界不久，便遭到有生以來最大的打擊，因為他被球隊的經理開除了。

這也讓本來月薪是一百七十五美元的派特，轉到新凡隊之後，月薪減為二十五美元，但他到新凡隊的第一天，他的一生有了一個重要的轉變。因為，在那個地方沒有人知道他過去的情形，於是他決心變成新英格蘭最具熱誠的球員。

派特在新凡隊第一次一上場，就好像全身帶電一樣，在比賽過程中，他從二壘拚命地盜

上三壘，讓對方的三壘手嚇呆了，以至於球漏接，讓他盜壘成功，當時氣溫高達華氏一百度，他那麼拚命地跑壘，極有可能中暑而倒下去。第二天一大早，派特在讀報紙的時候，興奮的跳了起來，因為報紙上說：「那位新加入的派特，無疑是一個霹靂球員，全隊的人受到他的影響，都充滿了活力，他們不但贏了，而且是本季最精彩的一場比賽。」

目前，派特是人壽保險界的大紅人。不但有人請他撰稿，還有人請他講述自己的經驗。他說：「我從事推銷已經三十年了。我見到許多人，由於對工作抱著熱誠的態度，使他們的收入成倍數地增加起來。我也見到另一些人，由於缺乏熱誠而走投無路，我深信唯有熱誠的態度，才是成功推銷的最重要因素。」如果熱誠對任何人都能產生這麼驚人的效果，對你我也應該有同樣的功效，所以，熱誠的態度，是做任何事情必備的條件，任何人只要具備這個條件，都能獲得成功。

智商並不是決定成功的主要因素

美國哈佛大學一位心理學教授指出：「一個人在一生當中能否獲得成功，智商的高低並不是決定性的因素。」許多事實已經證明，不少獲得重大成就的人，智商其實並不高，他們的成功，主要靠後天的勤奮努力和對工作的熱誠。

所有想不到的成功，都在山窮水盡的時候發生

當你感覺走到了路的盡頭時，不妨看看別人是怎樣走出一條屬於自己的道路。

治明開的公司因為經濟不景氣，導致公司的業績不振，負債累累，已經到了山窮水盡，準備要宣告破產的地步。

整個人變的意志消沉的治明把每天到公司上班當做一件痛苦的差事，只要一踏入公司，討債的電話便蜂湧而至，後來他索性將辦公室的電話線拔掉，導致有些債權人怕他會突然關掉公司，倒債跑路，便聯合起來到法院對他的財產申請假扣押。

有一天，治明到便利商店，看到一本雜誌報導了一位企業家買下一家即將倒閉的公司，將之重新整頓，使這家面臨倒閉的公司起死回生的故事。

治明心想著：「既然，這位企業家都能夠挽回一家公司破產倒閉的命運，我相信自己一定也可以做得到。」

治明在心底重新燃起了希望，他開始認為只要自己不被打敗，一切皆有可能，因此他重拾信心，並以充滿希望的眼光看待身邊的事。

第二天一大早，他一進公司便從手機的通訊錄將所有債權人的電話一筆一筆找出來，然後，他開始用辦公室的電話打電話給每一位債權人，他用一種從未有過的誠懇態度，請求這些債權人能多給他一點時間，來解決他跟他們的債務問題。

「你是不是接到一大筆訂單啊？」其中一位債權人試探著問他。

「不是，但我得到了一個比訂單更重要的東西，那就是喚起我重新振作、不怕被自己打敗的勇氣。」治明答道。

「嗯，聽起來好像不錯的樣子……好吧！我就盡可能地來幫你吧！」這位債權人也發自內心地鼓勵他，並幫他說服其他債權人撤掉法院對他的財產假扣押。

負債的壓力一消失，他便集中全部精力讓公司起死回生，而且，由於他不輕易放棄的勇氣，順利接下許多訂單，治明靠著自己敏銳的觀察力，洞察別人的行為，找到自己的出路。

半年後，他公司財務赤字逐漸消失，開始轉虧為盈。

跟著成功者的腳步

有位哲人曾經說過：「當你覺得自己人生了無希望，已經走到生命的盡頭時，只要能靜下心來，看一下跟你走在同一條路的人，然後跟著別人的腳步，你會恍然發現自己在不知不覺當中，走向另一段人生的入口。」

懂得跟自己開會的人，就不容易被自己打敗

季米特洛夫說過：「要找出時間來考慮一下一天中做了些什麼：是『正號』還是『負號』？假如是『正號』，必須思考如何更好，假如是『負號』，那就必須採取應變措施。」

有位勵志作家曾說：「人的眼睛能看清楚遠處的太陽，卻看不見眼睛底下的睫毛。」的確，一個人要正確地認識自己很不容易，因為自己看自己，難免帶有主觀的成見、情感的色彩，就像有些戀愛中的男女看不見自己情人的缺點或毛病，這並非他們欠缺識人的能力，而是被愛情蒙住了雙眼。

老子曰：「知人者智，自知者明。」只知彼，不知己，雖稱得上是智者，但還算不得是明白人。因此，我們不但要盡可能瞭解他人，更應該充分地瞭解自己，清醒地認識自己。具體說，就是要客觀地看待自己的長處和短處，恰當地評價自己的成就與不足，實事求是地瞭解哪些事情是自己有能力做的和哪些事情是自己沒有能力做的，千萬不能高估或低估自己的

能力。

因為，無論是過高還是過低地估計自己的能力，都會對自身工作產生消極影響。因此，不要高估自己的價值，但也不要低估自己的能力。

古人云：「反己者，觸事皆成藥石。」一個人只要多做自我反省，任何事都可以變成自己的借鑒，做為自己行為標準的藥石之言。而自以為是，盛氣凌人，自我炫耀，在眾人面前，總只是顧著自己先說，把別人想說的話都堵回去，是一種缺乏自知之明的典型表現。

樂於自省的人是工作、生活中深思熟慮的人，樂於自省是自覺性的表現，能這樣做，其進步是必然的，省是察看、檢查的意思，要做到具有自知之明，必須樂於自省，嚴於解析自己。自省即是自身的反省，這既是自身修養完善的手段，也是透過修養而達到的一種習慣美德。

不能一有成就，就自我滿足起來

孔老夫子曾經說過：「吾日三省吾身。為人謀而不忠乎？與朋友交而不信乎？傳不習乎？」我們絕對不能一有成就，就自滿自足起來，我們應該抑制自滿，時時檢討自己的缺點，如此一來，才不會輕易地被自己打敗。

想當最後贏家，就必須懂得說別人想聽的話

生活中，我們總是會與其他人發生衝突，如家庭成員、朋友、競爭對手、上司，或者是有權力的人。如何處理這些衝突，不僅決定著你能否成功，還關係著你能否享受愉快、舒適的生活。然而，想要當最後的贏家，不僅必須擁有能力，還必須善於談判。

卡內基曾說：「同樣一件事情，採取不同的說法，最後所獲得的結果往往是天壤之別。」的確，在日常生活中，我們或許都有這樣的經驗，你跟你的同事去跟主管講同樣一件事情，你的同事跟主管說完，受到主管的讚賞，但是你跟主管說完之後，卻被主管痛罵一頓，而之所以會有這樣的差別，其重點就在於你的同事比你懂得如何跟主管談判的技巧。

人的慾望總是無法滿足的。然而，天上不會掉餡餅，我們想要的東西必須靠自己的勇氣和努力爭取來。因此，我們每時每刻都在與別人進行較量，而「談判」就是你跟別人「較量」的工具。其實，在工作時，我們不停地在談判，儘管有時我們並沒有意識到這一點，殊

不見你想要讓你的建議被採納，你就需要與老闆談判，讓他覺得你的建議是迎合他的需要，並符合整個公司的當前利益。

倘若你的建議確實是個好點子，但你缺乏談判技巧，不懂得包裝你的概念，那便是英雄無用武之地了。總之，談判時時刻刻都在發生著，常常比你意識到的要多得多。比如，你不僅和你的老闆或你的下屬談判，還得和你的同事、顧客談判，而且，有時候為了達到工作目的，你需要許多人的合作、幫助、支援。因為，這些人的地位身分各不相同，你必須運用談判技巧，才能贏得他們的幫助和支持。因此，你應該學會如何進行談判的技能，以便能在事業和生活中進行有效談判，助你獲得最大的成功。

透過談判，爭取想要的東西

我們往往必須透過談判，讓別人支持我們從他們那裡獲得想要的東西。現實世界如同一個巨大的談判場，生活經常給我們打擊，使我們的理想破滅，這時候，我們更要勇於打出「談判」這張王牌，爭取想要的東西，才不會還沒被人打敗之前，就被自己打敗。

只要敢做夢，就沒有做不到的事

因為年輕，所以我們期待成功，期待一個美好的未來。目標很遠，但必須跋涉，我們告訴自己不能停下來，也因為夢想的遙遠，所以我們必須在期待中成長。

年輕人只要敢做夢，尤其是那種被別人認為不可能的「白日夢」，那麼就可以完成別人認為不可能完成的事。

其實，每個年輕人，都曾經有許多夢想，但卻不像小時候幻想當科學家或是什麼家那樣幼稚。每個年輕人，都曾經狂傲過，都曾經天真地將「有志者事竟成」當成座右銘，都認為只有愛拚才會贏，每個年輕人都曾經在遭遇挫折時，告訴自己「世上無難事，只怕有心人」，每個年輕人都認為只要有信心，敢衝敢拚，驕傲的抬頭迎接挑戰，即使一切夢想看起來不切實際，但卻又有可能在一轉眼便會實現。

每個年輕人都曾經有過迷惘，畢竟夢想還是夢想，雖然站起來了，但伸手時，那月亮還是遙不可及，夢想與現實的矛盾是年輕人最初的迷惘。

每個年輕人都曾經經驗淺薄，因為幻想，也使我們虛幻。沒有什麼能使我們變得老成，也沒有什麼能使我們的腳步更加實際。每個年輕人都曾經因為這些迷惘，進而告訴自己需要等待。

年輕人的夢想，雖然只是憧憬，多少加入了些現實，所以我們都在努力充實自己，等待機會創造未來，但有時候又彷彿那一個個夢想已經是現實了，而手中握的計畫表也已經是行程表了，聽任我們安排。

年輕很好，因為年輕人的世界豐富多彩，沒有什麼能使我們下次再回到年輕。對於年輕的夢想，將不會永遠是夢想，只是當我們去珍惜年輕時，年輕會因為我們的珍惜更具滋味，慢慢地去品嘗著年輕這片沃土上的苦辣酸甜，也許睜開心眼，我們已經成熟了。

走路難免跌倒，卻不能因此懷疑人生的美好

現實的坎坷在年輕人眼裏往往被忽略，但確確實實地給我們年輕人帶來挫折，走路難免跌倒，而太多的摔跤，會讓我們懷疑人生的美好。然而，這時的我們必須具備被自己打敗的勇氣，讓年輕人的腳步永遠向夢想前進。

成功其實沒有那麼遠，只要你敢相信自己

每天對自己說：「我一定行！」在你的內心，你要不停地這樣鼓舞自己，把它當做一種宣誓。你的決心會產生一種力量，它會告訴你方向，引領你邁向成功。

憶昌在參加全國舉重比賽之前，一點也不擔心該怎樣才能贏得冠軍，因為，他相信自己會是舉起最重重量的選手，他感覺到自己一定會贏。

但是，就在比賽前一週的一次練習，當他舉起超過三百磅的重量時，讓他的三根手指受傷，幾乎同時間，他想像戴著金牌的景象受到嚴重的打擊，但是他仍然緊緊抱持著自己的夢想，無論手指有沒有受傷。

比賽的日子終於到來，憶昌把受傷的手指用繃帶纏到一起後，就去參加比賽，

然而，舉重比賽的規則，是舉重選手可以決定自己要舉起的重量，每個人有三次機會，來試舉這個重量，假如你沒有成功地舉起自己決定的重量，你的比賽就算完了。假如你成功

地舉起你所喊出的重量，你可以要求再舉起更重的重量。

憶昌知道手指受傷的自己不可能舉重太多次，因此，他必須盡可能用最少次的試舉，來舉起比其他對手更重的重量，才能獲得金牌。

他暗自盤算，等到其他人都完成舉重後，他再喊一個較重的重量，然後出場來試他的三次機會，當每個選手都完成比賽，輪到他出場時，他喊了一個比目前領先的對手更重的磅數。

第一次，他雖然已經舉起桿子了，但是因為他的三根手指頭被繃帶束縛著，無法運用左臂快速伸展，他得到三個紅燈。第二次，他得到二個紅燈及一個白燈，又一次失敗了。他的手指非常疼痛，也腫起來了，他有三分鐘的時間來做第三次舉重，他記起曾想像過的成功景象，這次他一定要成功，而他只剩下一次機會，第三次舉起後，他得到了三個白燈，毫無疑問，金牌屬於他的了。

成功真的並不遙遠，只要你下定決心，從你的內心汲取力量，把你的潛能引爆，抬起腳，一次，二次，三次，終將邁向成功。

停下來是絕望，堅持邁一步就是希望

有些人總是覺得成功是那麼的遙遠，遙不可及，很多時候，我們距離希望和成功，只有一步之遙，停下來是絕望，堅持邁一步就是希望。因為，大多數人距離希望和成功，只缺少了一個正確的決定，而這個決定其實就是下決心。

用積極心態去思考，就沒有想不透的問題

沒有目標就沒有動力，沒有前進的方向；有了目標卻不為之努力，也是白費。事實證明，沒有目標就不能獲得成功。有了目標，而不圍繞目標去思考，仍然不能獲得成功。

歌德曾說：「往前看的人，總比往後看的人要聰明。」事業上的成功者，他們的命運無論多麼坎坷，環境多麼險惡，他們都從不消極，而且總是用積極的心態來分析前進中的困難，研究當時的環境，不斷地開拓前進。

然而，這些成功的人，他們之所以成功，就是他們在任何情況下，哪怕是處在十分險惡的環境之中，都能用積極的心態來思考問題，譬如別人認為不能成功的事情，他們卻始終充滿信心，因為，他們在看到困難的同時，也用積極的心態，看到了成功的未來。

另外，無的放矢的思考，一輩子也不會有什麼結果，思考問題，一定要圍繞你的目標，切不可漫無邊際。只要你堅持這樣做，成功將只是個時間問題，大多數成功的人，在很小的

時候就確定了目標，而且，他所做的所有努力，不論是學習知識或思考問題，都一直圍繞這個目標，不管周圍環境如何變化，都絲毫不為其所動。

最後，在思考問題時，必須全面考慮，不能顧此失彼。人們常常容易犯的一個毛病，就是片面性，為了求得正確的解決辦法，你必須左思右想，權衡利弊，全面考慮。

也就是當你在思考某一複雜的問題時，不要急於做出肯定或否定的結論，要想一想這個問題有什麼經驗教訓，現實生活中有什麼新的情況，在條件許可的情況下，不妨親自去觀察一下，然後再做出最後的結論。

如果善於用腦，拚命去做就不會被打敗

世界上勤奮的人難以計數，但在事業上獲得成功的人卻不是很多。那是因為不是每個人都會正確地思考。如果善於用腦，拚命去做，你就不會被打敗，而且你會發現，希望就在前面閃爍。

你是獨一無二的，沒有任何人可以取代

其實，許多人永遠不想嘗試新事物的原因，就是害怕失敗。如果可能，要以你自信能夠處理的某種階段來開始任何新的冒險，然後由一個成功的領域轉移到另一個，就像學會「一加一」的孩子，會把它轉移到更大的成功，而學會「三加四」、「五加六」……等等。

「在這個世界上，我們最不認識的人是自己，我們最需要認識的人也是自己。」一個人為什麼要內心省察來認識自我呢？其目的無非是透過認識自我來讓自己更加認識自己、更加自信、更加積極主動，讓自己在別人眼裏變得更加美好，從而擁抱成功。

在這個世界上，沒有任何人、任何事物能代替你，也沒有任何人有權力逼迫你用你的健康來交換金錢。而且，你也絕對不願以百萬元換取眼睛；以百萬元換取你的背；以百萬元換取你的腿；因為你是獨一無二的，即使是你身上的一根毛髮，也是全世界獨一無二的毛髮。

有幾十億人曾經生活在這個地球上，但從來未曾有過，也將永遠不會有第二個你。你是地球上唯一的、不同的與獨特的生物，這些特性賦予你極大的價值。世界著名畫家梵古的一幅油畫，以千萬美金以上的價格出售，因它很罕見，所以價高。

另外，梵古是一位天才，他的才能每幾百年才出現一個，請瞭解，即使像梵古這樣的天才，也只是一個人而已。創造梵古的宇宙也同樣創造了你，且照宇宙的眼光看來，你跟梵古或任何人一樣的珍貴，一樣無可取代。

要記住，你是唯一的存在，你有價值所以應當接納你，以及你的才能，並且多使用它。請記住：上帝創造了你，並給你才能，是要讓你盡情發揮，而不是因為不敢嘗試新的事物，因而埋藏不用。

如果沒有你的允許，沒有人能使你覺得低下

瞭解你的價值—如果沒有你的允許，在這個世界上沒有人能使你覺得低下。建立人格、信心、能力、愛情、忠心與真誠的基礎，你就能擁有所有的一切：健康、財富、快樂、寧靜、朋友、安全……等等。

第五章　只要用心，「垃圾」也可以變「黃金」

有句話說：「稻子在還沒被發現可以做成米之前，
只不過就是一堆雜草！」的確，
所有可以賺到大錢的東西，
在還沒發現它的用途之前，
往往都會被當成「廢物」！

你要別人怎樣對待你，你就要怎樣對待別人

「你怎樣對待別人，別人就怎樣對待你。」這是每個人都知道的道理，但卻沒有幾個人可以真正做得到。

「怎樣才能使自己到處受歡迎呢？」這是每個人在人際交往時，都會問自己的一個問題。

如果我們只是要在別人面前表現自己，使別人對我們感興趣的話，進而受到別人的歡迎，我們將永遠不會有許多真實而誠摯的朋友，甚至會引起別人的反感。換言之，要使別人重視你，首先要重視別人，對別人感興趣，對任何事都莫不關心的人，也不會有人關心他。

大約六千萬人買票去看過他的表演的哲斯頓，被公認為魔術師中的魔術師，前後四十年，他到過世界各地，一再地創造幻象，迷惑觀眾，使大家吃驚得喘不過氣來。

曾經有位記者問哲斯頓：「他的成功秘訣是什麼？」

哲斯頓告訴記者：「關於魔術手法的書已經有好幾百本，而且有幾十個人跟他懂得一樣多。但他有一樣東西，是其他魔術師沒有的，那就是他能在舞台上把自己的個性顯現出來。他是一個表演大師，瞭解人類天性，他的所做所為，每一個手勢，每一個語氣，每一個眉毛上揚的動作，都在事先很仔細地預演過，而他的動作也配合得分秒不差。」

除此之外，哲斯頓對別人真誠地感興趣。他告訴記者，許多魔術師會看著觀眾，對自己說：「坐在底下的那些人是一群傻子，一群笨蛋，我可以把他們騙得團團轉。」

但哲斯頓的方式完全不同，他每次一走上台，就對自己說：「『我愛我的觀眾，我愛我的觀眾。』因為我很感激，這些人來看我表演，他們使我能夠過一種很舒適的生活，我要把我最高明的手法，表演給他們看。」由此可見，哲斯頓這位有史以來最著名魔術師的成功秘訣就是如此簡單，那就是對他人感興趣。

對別人感興趣，別人才會重視你

對別人表示你的興趣，你的關心，不但可以讓你交到朋友，還可以為你增加別人的信任感和好感，並贏取新的友誼，有助於人生的成功。總之，瞭解他人，表示對他們的興趣，是得到重視和歡迎，贏得成功機會的起點。

只要勤奮努力，就能克服自身的弱點

捷克教育家誇美紐斯說：「勤奮可以克服一切障礙。」只要勤奮努力，就能戰勝遺傳的缺陷，克服自身的弱點。天資聰敏者的優勢，往往只在某個方面，而所謂素質差，也僅僅是指某個方面，只要進行反覆訓練，勤奮努力，就能消除這方面的差距，同樣也可以有所作為。

有位勵志作家曾經寫道：「只要花一萬個小時做同樣一件事情，你就可以成為這件事情的專家。」

梅蘭芳在青年時代，曾拜一位老藝人為師，學唱京劇。老藝人教了他一些動作，特別是教他如何用眼神表達內心感覺，可是梅蘭芳怎麼也學不會，眼球不聽使喚，目光也缺乏生氣。

老藝人說梅蘭芳長了一雙「死魚眼睛」，拒絕收他為徒。梅蘭芳並沒有因此而氣餒，他堅持苦練眼神，每天仰望藍天，追逐鴿子的走向，又俯視水中的金魚，經過長期鍛鍊，他的眼睛轉動自如，如流星，似閃電。

一九三一年，榮獲諾貝爾化學獎的德國有機化學家卡爾．波斯在獲得博士學位後，他的指導教授就告誡他說：「你雖然得了博士學位，但你缺少實際經驗，你首先要重在實踐，然後再做深一步的研究。」

波斯虛心地聽取了指導教授的勸告，離開實驗室，去當木工、技師、化驗員和工程師，熟悉了各種工廠的設備和運輸過程，為以後成為傑出的工業化學家打下了堅實的基礎。

然後他進入化工界，從二十世紀初開始，尋找合成氨的理想催化劑，他召集了一百八十多名專家和多名助手，花了三年時間，做了兩萬次實驗，終於獲得了成功。

十六歲被聘為柏林大學教授的卡爾．威特，孩提時，鄰居們都在背後說他是個白癡。他父親也傷心地說：「上天為什麼給了我這個傻孩子。」儘管如此，父親還是耐心地教他學說話、認字，用大自然的動植物啟迪他的智慧。

結果，他九歲考入萊比錫大學，十四歲發表數學論文，被授予博士學位。

勤奮是所有成功的關鍵

勤能補拙，要成功，勤奮是關鍵。只有無止境的追尋，才能到達成功的理想境界，即使天生愚鈍的人，只要真誠地投入到事業中，只要懂得「笨鳥先飛」的道理，也能創造出奇蹟。

將「幻想」變成創造財富的「工具」

發揮你的想像，激發鬥志，才能看見希望。閉上眼睛，體驗一下讓想像在內心起作用的樣子，想像自己已經達成目標了。看到自己處在即將努力的角色情景裏，然後感受自己在那樣的情景裏，會是什麼樣子。

「『想像』有助於將渴望轉變成為實際可以追求的事物。」其實，渴望是比較模糊不清的想法，但是當你把渴望想像成明確的目標時，渴望就變得比較清楚，你會投入你全部的精力，努力去完成它們。

日本有一名整天「不務正業」的年輕人，專門去鑽研那些不可思議的幻想，他發現由於生活節奏加快，人類睡眠的時間越來越少，而且很多人被「失眠」所困擾。因此，他得出一個結論：必須有一樣東西來提高人們的睡眠品質，就這樣，他開始鑽研發明一種讓人們睡在上面很快就自然入睡的「快睡枕頭」，當時，他的這種想法曾被人們當做笑話，兩年後，他不僅研製出這種枕頭，還找到投資者，將這種「快睡枕頭」量產上市。

某位鋼琴調音師在為鋼琴調音時，突然產生了一個想法：如果把二十六個英文字母都裝在這些琴鍵上，再把0到9這些數字也裝上去，把鍵一按，不就可以打出文字來嗎？經過幾年的實驗，世界上第一台原始的笨重打字機就此誕生。

美國有一家名為「幻想者的家」的公司，專門請人來聊那些在別人看來很不切實際的幻想，之後，公司的人把這些稀奇古怪的幻想經過整理、篩選，選出具有市場潛力的一些「幻想」，進行研究發明，然後生產出產品上市銷售，讓公司賺到不少錢。人類無時無刻不存在幻想，誰敢想，誰能把幻想變成現實，誰就有不可估量的財富。因此，我們要學會幻想，學會徹底、具體地想像，然後將自己的「幻想」變成幫自己創造財富的「工具」。

只滿足於現狀，永遠不可能進步

有要求才能獲得滿足，如果你根本就不敢，也不願想未來，只滿足於現狀，那麼你就永遠不可能進步。如果你能在心中想像自己的使命，就能啟發生命的動力。許多偉大人物對自己的命運有這樣的想法，他們相信有比現在更重要、更美好、更有動力的事業，並相信自己是「帶著使命到世上」來完成這些事情的人。

只要用心，「垃圾」也可以變「黃金」

有句話說：「稻子在還沒被發現可以做成米之前，只不過就是一堆雜草！」的確，所有可以賺到大錢的東西，在還沒發現它的用途之前，往往都會被當成「廢物」！

說起來簡直讓人難以置信，有一種可以用來吸乾家具上水分的「吸水紙」，竟然是一個被老闆「炒魷魚」的造紙工人，在無意中發明的。

這位工人是造紙廠的配料工，有天他不小心把配方弄錯了，結果製造出大量不合格的的紙張，造紙廠的老闆知道之後，除了扣他一個月薪資，還在一怒之下把他開除掉。

丟掉工作，心情沮喪的他，約朋友到酒吧喝悶酒，他的朋友勸他想開點，並且跟他說：「你應該把那些做錯的紙拿回家研究一下，看看問題到底錯在哪裡，以避免之後又犯同樣的錯誤。」

他聽了之後，覺得頗有道理，便回工廠從廢紙堆裏，拿了一些他生產的「廢紙」回家。

回到家後，他泡了一杯茶，邊看著「廢紙」邊琢磨著當時配料的經過，忽然一滴茶水滴落在這張紙上，並被迅速地吸乾了。

因為，吸水速度和性能特別好，讓他感到好奇，於是，他又倒了一點水在紙上，又迅速被吸乾。這樣反覆做了很多次，終於發現這些「廢紙」並非毫無用處，最起碼可以做為「吸水專用的紙」。

於是，他決定要為這種「廢紙」申請專利技術，他的朋友都嘲笑他是不是想錢想瘋了，連這種「廢紙」都要申請專利，簡直是異想天開。但最後他還是去把這種「廢紙」申請了專利，並說服一家小工廠的老闆開始量產上市。

這種「吸水紙」一上市，獲得很多使用過的人的好評，因此越來越暢銷。由於，這種紙的配方只有他一個人知道，沒有人有能力生產這種紙，因此讓他賺到不少錢。

是不是「廢物」，就看能否找到它的新用途

所有被我們當成「廢物」的東西，只要我們用創新的角度賦予它的新用途，或許，就能讓原本被我們當成「廢物」的「垃圾」變成「黃金」。

在問題背後，發現改進問題的契機

在某種程度上，缺點就是起點，危機就是轉機，對任何事情的不滿是所有創新的源泉，也是擁抱希望的契機。

有位哲人曾經說過：「當我們陷入失敗的困境時，自怨自艾是無濟於事的，重點是應該如何想辦法讓自己可以走出這個困境。」

傑克遜是美國潔淨牙刷公司的小職員，每天起床後，為了趕上班，總是匆匆忙忙地洗臉、刷牙，經常在急忙中牙齦不慎刷出血來，讓傑克遜不由火冒三丈，因為做為一個牙刷公司的職員，數次刷牙牙齦出了血，真是有夠諷刺，傑克遜怒氣沖沖地朝公司走去，準備向有關製造牙刷的部門，發一頓牢騷。

傑克遜走進公司大門時，走著走著，突然想到管理學中有一條名言：「當你看到問題時，要認識到這個問題的背後，正有無窮無盡新的天地，正等著你去開發。」這使他改變了自己的態度。

當他冷靜下來以後，開始和同事們討論出了不少解決牙齦出血的好辦法，譬如改變刷毛的質地，改造牙刷的造型、重新設計毛的排列等等各種改進方案，並逐一進行實驗。

傑克遜在這些實驗中，發現了一個為常人所忽略的細節：他在放大鏡下看到，牙刷毛的頂端由於機器切割，都呈銳利的直角。

於是，他就在寫給牙刷技術部門的建議寫道：「如果可以把牙刷毛頂端的直角都銼成圓角，那麼問題就完全解決了！」技術部門的同事們都一致同意他的見解。

於是，傑克遜把這個建議正式地向公司提出。公司的高層也覺得這是一個改進自己產品的好建議，因此迅速投入資金，把全部牙刷毛的頂端改成了圓角。

改進後的「潔淨牌牙刷」，很快受到了廣大顧客的歡迎，讓公司因此賺到不少錢，而提供這個點子的傑克遜從一般職員晉升為研發部門的經理，甚至在十幾年後，成為美國潔淨牙刷公司董事長。

傑克遜的成功，來自於在不滿中發現問題，然後在問題中發現改進問題的契機。

失敗是下一次成功的起點

事實上，失敗正是一個新的起點，是對過去的結束，要認識到這是改造現狀、開發新天地的大好契機，儘管我們陷入失敗的困境，仍要化危機為轉機，才不會輕易地被打敗。

知識不等於謀生的能力

書本和學校教育確實可以使人提升，但只是死埋頭在書堆裏，缺乏人情世故的常識，在一個殘酷競爭的社會裏，往往要吃敗仗。一個成功的人並不是那些滿腹經綸卻不通世故的人，而是那些能適應現實、做出合理判斷的人。

有一個考古學者，為了要去考察一個失落的古文明，僱了一架私人小飛機，由於這架小飛機的駕駛是早期從軍中退役，沒有讀過很多書。

在飛機上，考古學者問飛機駕駛：「你知道亞特蘭提斯嗎？」

飛機駕駛答說：「不知道。」

「那麼你將失去三分之一的生命。」考古學者繼續問：「那你懂馬雅文明嗎？」

「不懂。」飛機駕駛答說。

「那麼你將失去三分之一的生命。」考古學者說：「那你總該知道金字塔吧？」

「也不知道。」飛機駕駛答說。

考古學者說：「你又將失去三分之一的生命。」

這時候，突然空中刮起強烈亂流，飛機搖晃的很厲害，隨時可能墜機。

於是，飛機駕駛問考古學者：「你會跳傘嗎？」考古學者說：「不會。」

「真遺憾，你將失去整個生命！」飛機駕駛接著說飛機就要墜機了，考古學者大呼救命，卻毫無用處。其實，一個只會「讀死書」，卻不知道將書本上的知識變成自己謀生常識的人，還不如一個沒有讀過什麼書，但具備最基本謀生常識的人，因此，雖然讀書很重要，但是如果除了讀書以外，什麼都不會，那麼可能就會像前述故事中的那位考古學者一樣，在遇到自己的「人生亂流」時，也只能坐以待斃。

不要只會讀「死書」

培根曾經說：「讀書的目的不在它本身，而在於一種超乎書本之外、只有透過細心觀察才能夠獲得的處世智慧。」處理好書本知識與常識的關係是很重要的，不要重理論而輕實踐。很多人因為缺乏機智與常識，竟然連在社會上立足謀生的能力都沒有。

最好的工作，就是適合自己的工作

每個人都有自己的特性，有的人擅長這一行，有的人擅長那一行，但是，如果你整天遊來蕩去，不去做一件實際的事情，你擅長的就是無所事事。因此，一個人成功的關鍵是，相信天生我才必有用，並去做適合自己的工作。

有位勵志作家曾經寫道：「找到一個適合自己能力的工作，比找到一個大家都羨慕的『好工作』還要重要！」

這個社會並沒有要求你一定成為某個行業的人，也沒有一定要你做到某個職位，但是它確實要求你精通自己所選擇的行業，如果你在自己的專業領域是獨佔鰲頭的專家，大家就會為你鼓掌喝采，所有的成功大門都將向你敞開。

但是，它不允許一個人對自己的工作三心二意、半途而廢，或是做一些徒勞無用的白工。

如果你的天賦只適合做一些平凡的事情，那麼，一定要在平凡的事情上做得比別人更好，而且，要全力以赴、滿懷熱情地去做，用自己獨特的工作方法將一件平凡的事情做到非凡的程度。

另外，要兢兢業業地把一項平凡的工作發展成一項有意義的事業。無論多麼平凡普通，都要像研究一項神聖的事業一樣對它進行詳細地研究，還要盡可能學會這個工作中包含的所有知識和細節。

你希望到達事業的頂峰，就要從最底層做起，只要與自己的事業相關，任何事情都不能掉以輕心，要對所有的細節瞭若指掌。而且一定要全神貫注，因為非凡的成就只屬於那些專心致志的人，以及一旦確定目標就百折不撓的人。在現有的職位上，不要滿足於現狀，坐等平步青雲，要不斷充實自己的本職學能，向老闆提出切實可行的建議，以得到更高的職位和更多的薪水。

不要太在意自己的能力和職位之間的差距，如果你在工作中表現出卓越成效，完全能夠勝任那個工作的話，那麼就會有更好的工作等著你。

「你知道什麼」不如「你能做什麼」

許多人儘管擁有各種各樣的學位證書，但因為能力平平、不切實際，而被遠遠地拋在了後面。在我們這樣的社會，每個人被經常詢問的問題不是「你知道什麼」，或者「你是誰」，而是「你是做什麼的」，以及「你能做什麼」？

懂得自我批評，就能輕易讓別人原諒自己

我們每一個人都習慣於為自己的錯誤辯護，但能承認自己錯誤的人，就會贏得他人的尊重。而且坦率承認錯誤，消除「自我保護」的氣氛，有助於解釋這項錯誤所製造的問題。

世倫是一位專門接出版社稿件的外包編輯，有次交了一件很急的稿子給某家出版社的總編輯，而這位總編輯喜歡「雞蛋裏挑骨頭」出了名。而且總喜歡用人身攻擊的方法來批評所有編輯交給他的稿子。而世倫交了這件很急的稿子給他之後，立刻接到他打來的電話，要他立刻到出版社，說是稿件出了問題。當世倫到了出版社之後，正如自己所料，麻煩來了。只見這個總編輯準備責備世倫之前，世倫開始運用朋友教他的「自我批評」的方法。

世倫搶在總編輯開口批評他之前說道：「總編輯，我知道我交的稿子所出的錯誤一定不可原諒，您才會急著找我來，我幫出版社編輯書籍編了那麼多年，還會犯下不可原諒的錯誤，實在感到非常慚愧。」

世倫語畢，這個總編輯竟然開始為世倫辯護起來：「是的！你交的稿件的確有些問題，不過也沒有你講的那麼嚴重……」

世倫聞言，立刻打斷了總編輯的話，並說：「任何錯誤，不論是大錯，還是小錯，都可能讓出版社付出虧損的代價……」

總編輯想要插嘴，但世倫不讓他有插嘴的間隙，他繼續說：「我應該更小心一點才對……您給我很多CASE，照理應該使您滿意，因此我打算重新再來。」

「不用！不用！」總編輯急忙說：「不用那麼麻煩，你只需要稍微修改一點就行了，況且一點小錯不會花掉公司多少錢，畢竟這只是小細節，不值得大費周章。」

由於世倫懂得先自己批評自己，使總編輯怒氣全消，不僅不用重新編輯稿件，而且在離開出版社前，總編輯又交代他另一件新的CASE！

搶先一步把對方要責備你的話說出來

當我們犯了錯誤時，坦率地譴責自己，要比被動地挨別人批評好得多。這不僅讓你自己好受些，最重要的是，當你搶先一步把對方要責備你的話說出來時，他反而不好意思，十之八九他會以寬大、諒解的態度原諒你甚至忽視你的錯誤，進而對你產生好感，委以重任。

將別人的嘲諷和挑釁當做成功的動力

當處在逆境中，受到別人的冷嘲熱諷時，在情緒上的對立和反擊甚至報復，是無濟於事的，你並不會因此而得到一點好處，也不會因此就一下子令人折服，最好的做法就是以事業的成功來洗刷侮辱，讓別人對你刮目相看。

有位暢銷作家曾經寫道：「所有成功的人，都懂得如何將別人的嘲諷和挑釁當成自己前進的動力。」

在一次談論科學和生產關係的會議上，有一位富豪高談闊論，藐視科學，認為科學只是一些所謂「科學家」騙錢的三流手段。

擁有一間化學實驗室的林卜三司聞言，帶著微笑，向這位富豪解釋科學對企業發展的重要性。

這位富豪不屑地對林卜三司嘲諷一番，並且向他挑釁地說：「我的錢太多了，想找豬耳朵做的絲錢袋來裝，如果你所說的科學能做成這樣的錢袋，我就相信你所說的科學。」

林卜三司聽出富豪是在「指桑罵槐」，氣得全身發抖，但還是按下自己的情緒，非常謙卑地回說：「謝謝您的指教！」

不服輸的林卜三司，回公司之後，暗地收購市場上所有的豬耳朵，並交待自己公司的科學家，將收購回來的豬耳朵分解成膠質和纖維組織，然後又把這些物質製成可紡纖維，再紡成絲線，並染上各種不同的美麗顏色，最後編織成五光十色的「豬絲錢袋」，而這種「豬絲錢袋」一上市後，頓時，造成「秒殺」的搶購盛況。

林卜三司用實際行動粉碎了「用豬耳朵製造絲錢袋」，這個看來荒誕不經的惡毒挑釁，讓那些不相信科學是讓企業起飛的翅膀，同時也看不起他的人，不得不對他刮目相看，尤其是那位當時挑釁林卜三司的富豪親自登門表示歉意，並且希望能與他一起合作。

林卜三司面對挑釁，不露聲色，暗地裏卻做好準備，收購豬耳朵，並透過科學的方法將豬耳朵製成「豬絲錢袋」，將富豪的惡毒挑釁當成「印鈔機」，進而讓自己名利雙收。

把別人的冷嘲熱諷當成前進的助力

當你處在逆境中時，別人的冷嘲熱諷似乎對你打擊很大，但是仔細的思考，也許會帶來意外的收穫，你最應該做的不是捶胸頓足，而是發奮努力，做出成績來讓那些諷刺你的人看。

無法克服惰性的人，才會被自己打敗

拒絕惰性，堅持到底的一個好辦法，就是每天對自己提問：自己一天都做了哪些事？而這些事情哪些做對了？哪些還做得不夠？當你重新評價一天的言行及決定時，可以從中發現缺失，並加以調整或修正。

有位勵志作家曾說：「每個人都有惰性，就連成功的人也不例外，只不過成功的人比一般人懂得如何去克服自己的惰性。」

其實，從困境走向成功的過程中，你必須對你的目標和你自己負責，克服惰性，堅決地邁出腳步。惰性是成功的天敵，任何想成功的人想和惰性抗爭，都必須做到不浪費時間，因為時間就是生命，珍惜時間就是珍惜生命。

克服惰性需要很大的毅力，為了更快的克服惰性，首先，隨時用目標激勵自己，這是克服懶惰的最好方法。沒有奮鬥目標，生活也就沒有了意義，終日無所事事的人，只好依靠吃喝玩樂打發時間，直到把他們體內的能量耗盡為止，除了慢慢變老之外，別的什麼變化也看不到。

然而，擁有一個有價值、有意義的奮鬥目標，可以讓你覺得每天都有很多事去做，但又不會疲憊，因為你得到了回報，而且正是你想要的。

其次，不要給自己找藉口，當我們懶惰的時候，總是會給自己找各種各樣的藉口，也許這樣會心安理得一些，而這正是產生惰性的一個重要原因，比如你本來打算早晨早早起床，當鬧鐘響起的那一刻，你對自己說：「昨晚睡的比較晚，再睡十分鐘。」十分鐘過去了，你又對自己說：「專家說每天要保證八小時的睡眠，現在還不到呢。」直到不能不起床的時候，你後悔不已，又白白浪費了一個早晨。

其實，惰性是可以克服的，只要排除各種藉口就行，而最重要的是要嚴格遵守作息時間。

因為凡是有惰性的人，都沒有良好的工作和生活習慣，如果養成了按時作息的習慣，惰性自然就克服了。

想要克服惰性，可以從小事做起

克服惰性，需要恒心和毅力，而這就要從一件件具體的事情做起。譬如你可以每天養成打掃自己家裏的習慣，來克服自己的惰性，而且，千萬不要小看打掃家裏的這種小事，就不去做，要知道一個不願做小事的人，必定成不了大事，從小事做起，才能鍛鍊你的耐性和韌性，以及恒心和決心。

第六章　隨時要有接受挫折的心理準備

透過逃避獲得的解脫常常是暫時的，
逃避會使人喪失信心，以致更難面對困難和壓力。
持續的逃避反應，也會造成危害，
而且，還會造成身體和心理上的問題。

如何有效利用時間，是決定成功的關鍵

每個人每天都同樣有廿四小時的時間，而如何有效地利用這廿四小時的時間，則是決定你是否成功的重要關鍵。

如果想讓自己不浪費不該浪費的時間，不妨將工作計畫化，沒有計畫、毫無頭緒的工作將大大浪費你最寶貴的時間，使你的工作失去效率。

美國史卡魯大鋼鐵公司的總裁查魯斯，為了經常半途而廢的工作大感困擾，於是向效率研究專家艾伊貝．李請教提高工作效率的方法。

艾伊貝．李向他做了以下建議：首先寫出六項你明天必須要做的工作，再依重要性列出先後順序。然後將這張紙放入口袋裏，到了明天先處理第一項，不必顧慮到其他事情，接著用同樣的方法專注於第二項、第三項、第四項……如此一直繼續下去。

如果一天只能做完兩項或三項工作，也不必太過於介意，因為最重要的第一項工作你已經完成了，每天重複這麼做，如果感覺效果超乎你的想像，只要付給一張認為相等價值的支票即可。

查魯斯試了一段時間後，效果非常驚人。於是他開始要求屬下跟著做，然後付給艾伊貝·李一張價值兩萬五千元美元的支票。

另一個不浪費時間，善用時間的方法就是列出你今天、這一週和這個月要處理的工作，在一張紙上畫出四欄，並在左上角貼上「重要而且緊急」的標籤，然後在這一欄內填入必須立即處理的工作，並依次寫下每項工作的處理日期和時間。

接著在右上角貼上「重要但不緊急」的標籤，並填入必須做、但不必立即處理的工作。然後在左下角貼上「不重要但緊急」的標籤，在這一欄中所填寫的，都是一些必須立即處理的瑣事，諸如某人需要你的建議，有人要你馬上去買一些東西等等。

最後在右下角貼上「不重要也不緊急」的標籤，你當然可以讓這欄一直空著，反正寫在這一欄的工作，都是屬於「不重要也不緊急的事情」，不值得浪費時間去做。

你為何總是在抱怨時間不夠用？

你是不是總是在抱怨？抱怨時間不夠用？抱怨沒有足夠的時間解決問題？其實，上帝給你安排的事情和時間是成正比的。因為你沒有合理的利用時間，所以你才總會抱怨時間不夠。

真心為別人付出，就會獲得始料未及的回報

付出和收穫絕對成正比，要說有意外的話，那也一定是收穫比付出還要多。

在一個多雨的午後，一位老婦人走進費城一家百貨公司，大多數的櫃檯人員都不理她。但有一位年輕店員卻問她是否能為她做些什麼？當她回答說只是在等雨停時，這位年輕店員並沒有轉身離去，反而搬了一張椅子讓她坐著休息，並倒了一杯熱開水給她喝。雨停之後，這位老婦人向這位年輕店員說了聲謝謝，並向他要了一張名片。幾個月之後，這家百貨公司的董事長收到一封信，信中要求派這位年輕店員以百貨公司合夥人的身分，前往蘇格蘭收取裝潢整座城堡的訂單！這封信就是這位老婦人寫的，而她正是美國鋼鐵大王卡內基的母親。

這個故事告訴我們，有時候出自於真心地為別人付出，其所獲得的回報，往往會讓我們始料未及的。

以前有個男人迷失於沙漠裏，因天氣酷熱難耐，幾乎要渴死了，他四處找水，終於找到一個抽取地下水的泵。喜出望外的他，拚命抽動那個泵，但出水口卻始終沒有水流出來。失望之餘，他發現泵頂上有裝滿水的瓶子，瓶身寫著：「你要先把這瓶水灌進出水口，泵才能抽出水，還有你走之前，請把瓶子灌滿水。」

這個男人心想，他該不該孤注一擲，把瓶內水灌進出水口？如果灌進後又抽不出水怎麼辦？如果他把那瓶水喝光，起碼能暫時保住生命，既然這樣，他幹嘛要聽瓶身上面所寫的指示，冒險把水灌進出水口？但後來他還是遵照指示去做，然後拚命地抽動那個水泵，地下水果然自出水口源源不斷地噴出！於是他喝了個痛快，然後把瓶子灌滿，並在瓶身加上這麼一句話：「上面的指示是千真萬確的，你必須付出一切，才能有所回報。」

這種情形同樣也適用於你所提供的各種服務，如果你發自真心付出價值一百元的服務，最後你不但能回收這一百元，而且可能會回收好幾倍，但是如果你只是從謀取利益的角度提供服務，你也許連付出的一百元也得不到。

收穫之前，必須先懂得付出

收穫和付出是成正比的，你所付出的必然會為你帶來回報。不要眼光短淺，心胸狹窄，無論什麼時候，盡你所能付出一切，這必定有助於你的成功。

今天讓你賺到十萬元的方法，明天可能會讓你虧一百萬元

當我們獲得重大成功的時候，千萬不能沾沾自喜、頑固不化，應該有居安思危的意識，也就是始終保持強烈的創新意識，不斷開發新技術、新產品，使自己適應瞬息萬變的市場。有位勵志暢銷作家曾經寫道：「不能一味地拷貝成功的模式和方法，因為現在可以成功的方法，用在明年不一定能成功，用在甲地可以成功的方法，用在乙地也不一定能夠成功。」

在美國僅次於通用汽車公司和福特汽車公司的克萊斯勒汽車公司，在一九七九年的九個月中，虧損了七億美元。其實，這個災難之所以發生的原因，並不是因為公司的經濟實力和技術力量薄弱，而是克萊斯勒公司沒有研究當時競爭的變化趨勢，仍然依照自己過去的成功模式制定經營策略。其實，在商場上競爭的高低之分，往往不單憑實力，而是在於哪家公司資訊的掌握和運用，比較能跟著上時代的趨勢變化。

一九七三年，世界出現了全球性的「石油危機」，嚴重衝擊了依賴能源的汽車工業。當時，石油價格上漲，令一向開慣大型汽車的美國人也不得不精打細算起來，開始逐步使用耗油量小的小型汽車，而這也讓美國所有的汽車公司都受到一定的衝擊。

通用和福特兩家汽車公司吸取教訓，隨機應變，瞄準美國人購買汽車的習慣變化，將各自公司的經營策略從生產大型汽車轉到省油的小汽車上，而克萊斯勒公司卻一味認為「石油危機」只是暫時的，開大型汽車仍然會是美國人的「最愛」。

結果，在一九七八年，當世界再度出現「石油危機」的時候，大型汽車銷售量大大下降，克萊斯勒公司的大型汽車庫存堆積如山，每天損失兩百萬美元，企業面臨破產的危機，當時的董事長甚至因為誤判情勢，不得不引咎辭職。

不要以為所有成功方法在任何時候都適用

「今天可以讓你賺到十萬元的方法，明天可能會讓你虧一百萬元。」因此，千萬不要以為所有成功的方法在任何時候都適用，如果不懂得隨時代潮流趨勢隨機應變，最終就會讓自己被這個時代所淘汰。

不要捨不得，才有更多的收穫

做生意不能太過於精明，不要什麼商品的錢都非賺不可，有時在某些地方吃點虧，會帶來大量的利潤，釣魚都要付出餌料，何況對待顧客！

傳統的人參補藥店，銷售目標都是一些中上層人士，但香港卻有一家花旗參店一改傳統的做法，鎖定普通消費族群。

這家花旗參店，推出了一個「一元超值商品」銷售策略，吸引了廣大顧客，他們把原定價每包一百元左右的人參，分裝成一小包，一小包出售。每包只賣一元，讓再窮的顧客，也買得起高檔的人參。

後來，這家店又推出了一元一斤的蜜棗，一元一支的當歸……等等。事實上，精明的顧客都會知道，「一元商品」根本是賣一件虧一件，而這家花旗參店所打的算盤是，雖然那些「一元商品」虧本了，但帶動其他商品的銷售，因為絕大多數顧客不會只買「一元商品」。

另外，在通往成功的道路上，必須懂得有所選擇，有所捨棄。尤其是在困境中時，犧牲小的代價，就能換來整體的利益。

六〇年代是日本經濟迅速發展的時代。那時世界能源的主要支柱是石油，因此做為石油運輸的貨船就顯得很重要。

然而這時候，經營造船業多年的日本鉅賈平內壽夫，卻反其道而行，他不顧董事會其他人員的反對，毅然決定放棄正當火紅的造船業，改而投資汽車專用輪胎。

平內壽夫認為，既然造船是這麼熱門的行業，不久後必然會出現供過於求的局面，等到那時受重創，不如現在就趕快轉行。果然幾年後，日本就因為造船業生產的產品供過於求，造成經濟危機，很多造船廠損失慘重，平內壽夫的眼光讓同業敬佩。

七〇年代初，日本汽車大受世界各地人們的青睞，讓平內壽夫的輪胎生意扶搖直上。

想把生意做大，就應該把眼光放遠，不要因為眼前有利潤而緊抓不放，有得必有失，懂得放棄，才有更多的收穫。

做人不能什麼都想要

人往往是很貪的，這也想要，那也想要，捨不得放棄任何東西，然而，做人不能什麼都想要，卻又不能什麼都要，這樣活著豈不很累？不如乾脆放棄一些東西，你會得到更多。生活中應該學會滿足，若不知足，有時會連最起碼的東西都得不到。

打敗你的往往不是危機，而是不會處理危機的自己

學會應變，遇到危機時，不要消極躲避，更不要以硬碰硬。遇到危機時，雖然要全力以赴，但必須靠你敏捷的思維化險為夷，否則，還沒被危機打敗，就先被自己打敗。

有位管理學的學者曾經寫道：「一個企業能否永續經營，重點並不在於這家企業擁有多少財力，而在於這家企業是否擁有緊急應變的危機處理能力。」

英國航空公司曾遇到這樣一件危機事件，一架由倫敦經紐約、華盛頓飛往邁阿密的英國航班，因機械故障被迫降落之後，在紐約禁飛。乘客對此極為不滿，對英國航空公司怨聲載道。

英國航空公司立即啟動危機處理機制，首先在第一時間調度班機，將六十三名旅客送往目的地。當旅客下機時，都收到英航的一封言詞誠懇的致歉信，英航並為他們辦理退款手續，讓六十三名乘客免費搭乘此班飛機。此舉異常高明，儘管英航損失了一大筆錢，但卻發

揮了力挽狂瀾的功效，大大平息了乘客的不滿情緒。

英航這個危機處理的舉措，後來被人們廣為流傳，不僅未使英航聲譽受損，反而大大提高知名度，讓之後的乘客源源不斷。然而，類似這種化危機為轉機的事件也發生在美國喬克爾恩遜藥品公司，因為該公司曾經發生藥品中毒事件，但在中毒事件發生之後，迅速採取了周密的應變策略，全力推行危機管理，制定了「終止死亡，找出原因，解決問題、通告大眾」的重要決策。

而且，在獲悉第一個死亡消息的一小時內，公司人員立即對這批藥品進行化驗，結果表明陰性。但他們還是花費大量經費通知四十五萬個包括醫院、醫生、批發商在內的用戶，請他們停止出售並立即收回該公司的藥品。

同時撤銷所有的電視廣告，把事實真相以及公司所採取的對策，迅速向大眾告知，公司最終消除了大眾的誤解，僅僅三個月就恢復了昔日的生意榮景。

根據不同的情況做出應變

面對危機，不要麻木不仁，不知所措，要學會應變，根據不同的情況做出相應的變通，這樣你才有可能克服困難，才有可能不怕被自己打敗，最後邁向成功的大道。

被自己打敗的時候，好朋友的幫忙可以幫你站起來

當你需要幫助的時候，好朋友是你最好求助的對象，千萬不要為了面子，因而輕易放棄可以找好朋友幫助的機會。

有人說：「一個真正的朋友，會在你意氣風發的時候離開你，但卻會在你遭遇挫折最需要幫助的時候，出現在你的身邊。」的確，當你遭遇困難和挫折的時候，一個知心的朋友將是你永遠的避風港。

率領紐約尼克隊拿下兩屆NBA總冠軍的教練雷德．霍爾茲曼，在當年他需要幫助的時候，毫不遲疑地找他最知心的老友，也就是當時尼克隊的總教練法西。

當年在聖路易老鷹隊做教練的雷德．霍爾茲曼，在賽季大約過了三分之一時，由於球隊的成績低迷，促使球隊負責人決定要更換教練。

雷德．霍爾茲曼說：「球隊負責人這樣做也許是對的，因為當時球隊成績不是很好，這

是我第一次被開除，我想也許這將是我籃球生涯的終點。」

當時回到紐約的雷德．霍爾茲曼，可能是當慣了教練，因此，一停下來就不知道該做什麼了，於是他就和當時正好是尼克隊總教練的老朋友法西聯絡，請他幫忙安排工作機會，法西就安排他去接替自己以前尼克隊的球控位置。

由於，雷德．霍爾茲曼的家鄉在路易斯安那州，也就以為那只是暫時的工作而已，他沒想到以後自己還能再當教練，因為事實上他也不想當，但是他做球控後不久，由於首席教練臨時不能參賽，他就被指派為臨時教練，後來便成為首席教練。

雷德．霍爾茲曼在尼克隊一共待了十四年，帶領球隊獲得了兩次冠軍，後來被選入每個籃球人夢寐以求的NBA名人堂。

雷德．霍爾茲曼說：「這是法西給了我在尼克隊擔任多年教練，並且能和許多第一流的人才合作機會，這項事業很了不起也很有趣，這也成了我人生最重要的轉捩點，特別是尼克隊的家鄉—紐約也成了我的家鄉。」

正是雷德．霍爾茲曼敢於向好朋友法西傾訴自己的挫折，並勇於尋求他的幫助，才成就了他今天的事業成功。

別放過任何一個可以獲得朋友幫助的機會

不要害怕，把你的困難告訴你的朋友，請他助你一臂之力，不要認為這麼做會讓你丟臉、沒面子。面子是什麼東西，是能當飯吃，還是能……丟棄那無用的虛榮心和面子吧，千萬別放過任何一個可以獲得朋友幫助的機會。

記住別人的名字，會有想像不到的收穫

被別人叫出自己的名字，如果是熟人，他會覺得親切；如果是陌生人，會覺得自己知名度高，總之就是像一種被人抬到天上一樣的感覺。

有人說：「想要贏取別人的喜歡和重視，請記住：一個人的名字，對他來說，是任何語言中最甜蜜、最重要的聲音。」

某個企業的總裁認為通常公司越大就越沒有人情味，唯一能夠讓公司溫暖一點的辦法，就是記住員工的名字。他說：「假如有個經理告訴我，他無法記住員工名字，就等於告訴我，他無法記住一個很重要的工作。」

環球航空公司有一位叫做凱倫的空服員，她經常練習去記住機艙裏每一個旅客的名字，並在為他們服務時直接稱呼他們的名字，這使得她備受旅客們的讚許，有的旅客直接上環球航空公司網站留言說她的服務態度非常親切，也有的旅客在旅客意見調查函裏面寫道，凱倫的服務讓他們感到備受尊重。

有位旅客甚至寫信給航空公司說：「我好久沒有搭乘環球航空的飛機了，但從現在起，一定要環球航空的飛機我才搭乘，因為你們航空公司的服務實在太棒了，尤其是那位可以叫出我名字的空服員凱倫……」

記住別人的名字並運用它的重要性，甚至在日常生活中，也能給我們帶來意想不到的回報。

家昌是物流公司的一位送貨司機，他經常在公司附近的早餐店吃早餐，他發現早餐店的店員總是愁眉苦臉，她站在櫃檯前面做三明治，已經做了快兩個小時了，他對她而言，又是另一個三明治，他跟她說自己要買一個三明治，她機械化地在土司上面包了一片火腿，然後又夾了一個荷包蛋、幾片蔬菜。

隔一天，他又去排隊了，同樣的人，同樣的臉，不同的是，他看到了她的名牌，他笑著叫她小娟，然後告訴她，自己要買三明治，她竟然高興地在土司上面包了兩、三片火腿，然後又多夾了一個荷包蛋、幾片蔬菜。這就是記住對方名字，可以為自己帶來意想不到的收穫。

想獲得別人的幫助，就從記住別人的名字開始

要知道，名字是完全屬於我們個人所有，沒有人能取代，如果想要獲得別人對我們的幫助，我們所能做的，就要從記住名字開始，這會顯示出讓你想像不到的神奇作用。

只要相信自己，就算「瞎貓」也會碰到「死耗子」

做為一個渴望成功的人，必須學會運用正面的自我暗示，進行心理重建，否則，過去留在你心中的印象，就會使你在生活各個方面，都陷入一種失敗的行為模式。

有位哲人說：「如果你不斷地跟一隻瞎貓說：『牠一定可以抓到老鼠』，說多了，這隻瞎貓有一天就真的會碰到死耗子！」許多科學實驗結果證明，正面暗示能夠使我們獲得成功，而負面暗示則會將我們帶往失敗的道路。

譬如，一個每天被父母老師讚美，並且聽著可以產生自信的話語成長起來的孩子，將會擁有美好的未來。相反，每天聽著「你這個笨小孩」之類的負面話語，即負面暗示作用而長大的孩子，就容易陷入自卑的心靈陰影，進而走向失敗的人生。

由此可見，正面的自我暗示，可以遠離可能使我們難以培養良好習慣的許多消極、負面的東西。因此，要經常定期地檢視一下別人對你提出的消極、否定的暗示，不要因為別人提出了具有負面的暗示，而受到影響。

如果你回顧一下自己的成長過程，很容易就會記起父母、老師、親友……對你灌輸的消極、不好的負面自我暗示，如果你研究一下他們對你所說的事情，就會發現其中一些只是為了控制你，或是為了不讓你做某些事，因而把「假恐懼」植入你的心靈。

別人的暗示本身絕對沒有影響你的力量，它們之所以會有力量，完全是你用自己的想法去附和，才讓它們產生影響你的力量。換言之，只有當你沉溺於別人暗示給你的想法時，並且在心中同意它們，別人對你的暗示才可能有力量。

因此，最重要的是你的想法，而你要怎樣想，則完全在於你自己。記住，你有選擇的能力，你應該選擇正面的暗示，讓自己保持積極的心態。

總之，當你每天想著快樂的事情時，你便會習慣讓自己處於一個快樂的身心狀態，進而擁有快樂幸福的人生。

擁有像成功者一樣充滿成功暗示的腦袋

暗示可以用來控制我們自己，也可以用來控制其他的人。如果是正面的，將促使人進步，獲得非凡的成就，但如果是用在負面，它就會讓你被自己打敗。你要成功，就從這一刻開始，改善你的「自我暗示」，利用「自我暗示」的力量，將你的神經系統，變成一個成功者的身心狀態，使腦袋像成功者一樣充滿成功的暗示。

把能力用在對的地方，就不會被自己打敗

所謂人才，其實就是做了他們有能力做好的事，將他們才能上的優勢方面表現出來，所謂庸才，不過是做了他們做不好也不該做的事情，從而將他們才能上的平庸方面表現出來。

有人說：「所謂的天才，只不過就是那些將能力用在對的地方的人。」的確，所有成功人物並不是每個方面都很優秀，只是他們將最好的一面用在對的事情上面。所以，「天生我材必有用」，在這個世界上不存在絕對無用的人。

當你在某方面陷入絕境時，不要放棄，要知道：「此路不通彼路通」，不論多麼黑暗的夜晚，總有一顆「星星」會為你指引方向。

英國前首相邱吉爾，出生在一個貴族家庭，少年時在校成績很差，尤其是數學和外語，是個相當讓人傷腦筋的少年，他的父親想讓他進人牛津大學或劍橋大學，可是他的成績無法進入大學，因此不得不去報考英國的第三流學校—英國陸軍軍官學校，但是他竟然也名落孫

山，於是，他在家過了兩年補習生活，到了第三年才好不容易考取，而且是最後一名。

很多人認為像邱吉爾一樣的不良少年，外文與數學又成績不好，是不可能成功的。但是後來，他朝著適合自己的政治工作去發展，最後竟然成為二十世紀最偉大的政治家之一。

從邱吉爾的例子看來，學校的成績與一生成功，並沒有很大的關係，而是看你是否做到可以充分發揮自己才能的工作。

工作沒有高低貴賤之分，關鍵是做適合自己的，哪怕是一份很不起眼的工作，只要能讓你發揮天分，你就能成功。

想找到適合自己的工作，並不是一件很容易的事，有時需要經過好長一段時間的醞釀和摸索，就像達爾文曾對詩歌產生過興趣，年輕時每天上午背誦幾十行詩，不過，他很快發現自己不是做詩人的料子，就轉向生物學；馬克思也曾想當詩人，當他發覺自己寫詩寫得不怎樣的時候，就轉向社會科學研究方面了。

如果你有自知之明，善於發覺自己的優勢在哪裡，進而從事你最擅長的工作，你在最後就會獲得成功。

找到真正適合自己的工作

如果你失去一份沒做好的工作，不僅不是被自己打敗，而是另一個希望的開始，也就是你開始有希望去做一份真正適合自己的工作。

隨時要有接受挫折的心理準備

透過逃避獲得的解脫常常是暫時的，逃避會使人喪失信心，以致更難面對困難和壓力。持續的逃避反應，也會造成危害，而且還會造成身體和心理上的問題。

有位勵志作家曾經寫道：「如果一個人在三十歲之前，從來沒有遭遇過重大挫折，不見得是一件好事。」一個一直充滿自信，精力充沛，富有理想的人，當他的事業出現危機時，所有這些全變了，從來沒有受過什麼重大的挫折的他，頓時，會覺得疲憊不堪，情緒低落，對過去的工作失去了興趣，一切事情都令他不快。

其實，如果你不太在意這些偶爾的不如意，也就不會這麼煩惱了。當你的注意力一直集中在危機的負面影響時，就會產生焦慮。焦慮進一步侵害你，各種問題越來越多，譬如煩惱無法從腦海裏驅走，即便回到家裏也是心煩意亂，以致不想見任何一個人。夜裏失眠不能入睡，白天精神不濟，就連自己也無法理解自己怎麼會變成這個樣子，不知如何是好，如此造成惡性循環，久而久之，不得大病才怪。

因為，若焦慮的心理反應持續存在，會導致思維過度集中於憂慮的事情，以致人們總是認為事情糟糕透了，擔心事情不可救藥，並且自信心也下降，自卑感增強，常常採用消極的思維方式。

然而，消極的處理事情只會讓事情變得更糟，由於長期忍受著擔憂和焦慮，會對情緒產生影響，產生易激怒、持續的害怕和悲觀沮喪等。當我們處於這種情緒狀態時，會對所面臨的狀況感到無能為力，並且當我們感到應付乏力時，焦慮就會輕而易舉地壓垮自己。

不要為了擺脫焦慮，用逃避現實來麻痹自己

當一個人長期地處於煩躁不安和緊張狀態時，會不斷地消耗人的精力，使人疲憊不堪，從而無法處理危機情境。你無法擺脫這種困擾，只能麻痹自己，逃避現實。有時，你可能藉助於吃東西、抽煙或喝酒來安慰自己，這雖能在某種程度上使自我感覺好一些，但在身體健康上必然要付出代價。

第七章　成功與失敗的距離只有10公分

不要讓失敗佔據了你的世界，使你畏縮，
因為，失敗也未嘗不是件好事，
也許失敗正孕育著更大的成功，
不要輕易的向失敗低頭，
要相信風雨過後，終會看見彩虹……

想成功，有時候必須逆向操作

有位哲人說：「永遠不要說自己失敗，而是要說自己只是暫時還沒有找到讓事情成功的方法。」其實，有些讓我們失敗的事情，或許只要換一個相反的方式去做，可能就會獲得始料未及的成功。

有些失敗的人往往失敗在不斷地重複過去的成功模式，譬如商人往往會用降價的策略來行銷滯銷的商品，但這種降價的行銷方式，有時候卻會得到反效果。

有家日用百貨商店的老闆為了出清倉庫裏庫存的大量毛巾，於是，就決定每條毛巾降價二〇％處理，豈知一個月過去了，毛巾的銷量非但沒有增加還減少，而這個降價反而滯銷的結果，讓這個老闆有點始料未及。

後來，這個商店老闆想出一個逆向操作的方法，他在商店門口貼出了一則廣告：「本店毛巾，每人限購兩條，兩條以上，每條加價一〇％。」

來店的客人看到廣告以後，全都既驚奇又驚慌，紛紛猜測：「是不是毛巾準備要漲價了？要不然為什麼多買要加價？」

在這種驚慌、猜疑心理的的支配下，人們開始搶購。有的人不惜多排幾次隊，有的還動員家人和朋友來排隊，甚至還有的人寧肯多付一〇％的錢，也要多買幾條。一時之間，毛巾成了搶手貨，這家商店庫存的毛巾也就在三天之內銷售一空。

其實，逆向操作的方法，要冒一定的風險，而成功的關鍵就在於能否準確地把握人們的心理，它既需要有膽識，也需要智慧，否則效果適得其反。

在失敗經驗中，找到成功的出口

當我們失落的時候，當我們遭遇挫折的時候，當我們在競爭中敗下陣來的時候，與其怨聲載道，不如讓自己在失敗的經驗中，給自己找一個通向成功的出口。

用自己的「弱點」來打敗對方的「優點」

並不是在所有的時候都以精明取勝，人生難得糊塗嘛！在每一場談判中，都不要過早地表示「明白」，或證明你的實力，過早的展露鋒芒只會讓你暴露更多缺點。

文祥是一家公司的業務主任，有次他單槍匹馬代表公司去和一家對手公司的一大群談判高手談判，對手公司的談判陣容對文祥有壓倒性的優勢。

談判從早上九點鐘開始，持續了兩個小時。對手公司準備了大量的表格、精心製作的一些圖文資料，由兩台幻燈機在螢幕上交互展示著。

在這場影音多媒體簡報秀當中，文祥安安靜靜地坐在談判桌旁，什麼也沒有說。最後，對手公司的人員做完簡報並且打開燈，轉向無動於衷的文祥，說：「我說完了，你認為怎麼樣？」

只見文祥禮貌地笑了笑，回答說：「我不明白你在說什麼？」

對手公司的簡報人員臉色難看的說：「你不明白？你從什麼時候開始不明白？」

文祥依然禮貌地笑笑，回答說：「從關燈的時候開始。」

這位遭到挫敗的簡報人員斜靠在牆上，鬆開他的領帶，垂頭喪氣地哼道：「嗯……你想要我們做什麼？」

文祥回答：「很抱歉，你能把剛才做過的再做一遍嗎？」

現在誰處於有利地位？誰戲弄了誰呢？誰在這場談判取得了上風，應該很清楚了。

笨拙勝於精明，不善辭令勝過能言善辯，這可能嗎？完全可能。因為，「大智若愚」也是談判中的一種高明技巧，很多時候，弱點就是力量。你的精明反而使你暴跳如雷，或者無可奈何。所以，偶爾當個「省話一哥」，故裝糊塗地跟對方說：「我不知道」、「我很迷惑」、「我不懂」等話，來達到你的目的，因為不管怎樣，挫挫對方的銳氣也好。

相信大家都知道「一鼓作氣」的故事，由於在談判之前，雙方都會做充分的準備來擊敗對方。一開始，對方必然會信心十足，但是你不能給他下馬威的機會，而是要像前述故事的文祥一樣，讓對方屢屢受挫，等到對方沉不住氣，自亂陣腳的時候，再給對方致命的一擊。

越聰明的人越會裝傻

想想你和愚笨的人打交道的經歷，當你和一個根本不理你談話內容的人打交道時，你所有複雜的辯論、包羅萬象的資料以及周密的邏輯，都毫無用處。

「想像力」是每個人與生俱來的「超能力」

諾貝爾物理獎獲得者格拉肖曾說：「涉獵多方面的學問可以開闊思想，譬如抽空讀讀小說，逛逛動物園都有好處，可以幫助提高想像力。因為如果你從來沒有見過大象，你能憑空想像出這種奇形怪狀的東西嗎？」

有位勵志作家曾經寫道：「每個人的身上都有超能力，那就是每個人從小就擁有的想像力。」

根據心理學家估計，一般人只用了大腦想像區的一五％功能，還有八五％的功能處於「睡眠」狀態，等待著我們去開發。

那麼，怎樣才能開發這八五％處於「睡眠」狀態的大腦功能，拓展出豐富的想像力呢？首先，不要「抑制」想像，愛迪生在小時候看到母雞孵蛋，就想像自己的身體也可以孵出小雞來；其實，每個人在孩提時代都是富於想像的，可是隨著年齡的增長，不少人的想像力反而削弱了。

其原因就出在很多人在長大後，都把「想像」當做是小孩幼稚的表現，從而自覺進行自我抑制。因此，我們應當認識到，善於想像並不是幼稚的表現，而是思維具有活力的標誌。

其次，要拓寬知識面。人的知識面越廣博，聯想的天地就越大，聯想時的思路就越廣闊。牛頓如果不具備豐富的力學知識，即使天天看到蘋果落地，也不可能觸發想像的靈感；富蘭克林如果缺乏廣博深厚的電學知識，同樣不可能想像出電是一種「流」。

蘇聯心理學家哥洛萬和斯塔林茨在「聯想實驗」指出，任何兩個概念都可以建立起聯想的聯繫。例如「木質」和「皮球」是兩個離得很遠的概念，但只要經過「木質—樹林；樹林—田野；田野—足球場；足球場—皮球」這四步很自然的中間聯想，就可以把兩者聯繫起來。

又譬如「天空」和「茶杯」也是兩個似乎不搭嘎的概念，但只要經過「天空—土地；土地—水；水—茶杯」這三步中間聯繫，即可使彼此之間發生聯繫。

因此，在一般情況下，經過三、四個至多五個階段，兩個毫無關係的概念都能發生自然的聯繫，這就是透過「想像」架設的神奇橋樑。

缺乏知識內涵的聯想，只是胡思亂想

想像力每個人都有，區別只在於善於運用的程度不同罷了，儘管聯想的能力並不取決於知識的多少，但缺乏知識內涵的聯想，只能是胡思亂想，和科學的聯想有天壤之別。

把「垃圾」當成自己攀登頂峰的墊腳石

這個世界只在乎你是否到達了一定的高度，而不在乎你是踩在巨人的肩膀爬上去，還是踩在垃圾堆爬上去的，而且，踩在垃圾堆爬上去的人，還更值得尊重。

有人說：「當命運將你拋進失敗的低谷時，也給你了向上攀登的藤條，而重點就在於你能不能將它抓住。」

不論你在過去有多少成就或是失敗，對現在的你來講，終究都是已經屬於過去式，此刻的我們可以做的就是做好當下的每一件事，沒有任何理由偷懶，也沒有任何理由放棄。

我們現在能夠做的只有把失敗交給過去，而把成功留給歷史，然後繼續前進。如果不慎跌進失敗之谷，不要祈求上帝的憐憫，因為，唯一能夠幫助自己的神，就是我們自己站起來，抓住那可以通向成功的藤條。

從前，有一頭老驢，因為年老體衰，牠的主人就將牠丟到一個垃圾坑裏，準備讓牠在那裡自生自滅，由於這個垃圾坑很深，老驢根本爬不上來，於是也就放棄了求生的希望。

然而，附近的居民每天都往垃圾坑裏面倒垃圾，按理說老驢應該天天抱怨，自己被主人當成垃圾丟掉到垃圾坑裏就算了，每天還有那麼多垃圾丟在牠的身上，就算要讓牠死也不能讓牠死得舒服一點嗎？

可是有一天，老驢決定改變自己的態度，牠每天都把垃圾踩到自己腳下，並從垃圾中找到一些剩菜，以及可以裝雨水的廢棄容器，來維持自己的生命，而不是任由自己被垃圾所淹沒，終於有一天，當垃圾的堆積高度接近坑口時，牠重新回到了地面上。

不要抱怨你的出身不好，沒有一個「富爸爸」，不要抱怨你空懷一身絕技，沒人賞識你，不要抱怨你的工作差，薪水太少，現實中有太多像「垃圾」的不如意，每天丟在你的身上，但是，就算生活給你的是「垃圾」，只要你像故事中的老驢一樣，懂得把這些「垃圾」踩在腳底下，照樣可以登上成功的巔峰。

希望往往會落空，並且在最有希望之時

莎士比亞曾在一部戲劇中寫道：「希望往往會落空，並且在最有希望之時。」的確，每每我們為了好不容易獲得的成功而暗自慶幸之時，失敗就突然降臨。這時我們會很鬱卒，甚至自暴自棄。但是我們

忘了，沒有一條通向成功的道路是平坦的，它必然是迂回曲折。要記住，永遠沒有失敗，永遠不要說失敗，只要你能超越它，成功就在前面等著你。

成功與失敗的距離只有10公分

不要讓失敗佔據了你的世界，使你畏縮，因為，失敗也未嘗不是件好事，也許失敗正孕育著更大的成功，不要輕易的向失敗低頭，要相信風雨過後，終會看見彩虹……

有人說：「成功與失敗最大的區別就在於，成功者永遠比失敗者，晚一分鐘放棄！」

美國淘金熱時，湯姆向朋友借了錢在西部買到一塊礦地，他在這塊礦地辛苦挖掘了幾週之後，發現了閃閃發光的金礦，但需要用機器才能將金礦挖掘出來，他很鎮靜地把礦坑掩埋起來，除掉自己的腳印，火速趕回南部的老家，把找到金礦的消息告訴他的親戚和幾位朋友，然後大家湊了一筆錢，買了挖掘金礦需要的機器，隨即帶著這些親戚和朋友動身回到礦區工作。

第一車的金礦挖出來，送到一處冶金工廠，冶金工廠的人告訴湯姆，他們挖到了科羅拉多州最富有的一個礦源，湯姆心想只要再挖出幾車金礦，不僅可以償還所有買地欠下的債務，還可以賺到讓自己這輩子不愁吃穿的財富。於是，湯姆和親戚朋友帶著無限的希望返回礦坑工作，豈知，就在這時候，發生了他們料想不到的事，金礦的礦脈竟然不見了，無法接受這個事實的他們繼續挖下去，焦急地想要挖出礦脈來，但是他們不眠不休地挖了三天三夜，完全沒有任何斬獲，最後，湯姆和他的親戚朋友在萬念俱灰的情況下，做了放棄繼續挖掘金礦的決定……

一個月後，有一位跟湯姆一樣擁有淘金夢的約翰就在湯姆他們停止挖掘的地點，往下挖了十公分，順利挖到金礦，他賣掉從礦坑中挖出來的金礦，獲得了幾百萬美元。

上述湯姆挖掘金礦的故事告訴我們，有時候成功和失敗的距離只有短短的十公分，只有克服重重困難，永不放棄的人，才能幫助自己從原本沒有希望的絕境，走向成功。

成功者與失敗者的不同之處，就在於不輕易放棄

當失敗重重打擊一個人時，放棄確實是最簡單，但也是最差勁的方法，大多數的失敗者都會使用這種方法，然而，成功者與失敗者的不同之處，就在於始終不輕易放棄，就算在絕境中，他們也不會被自己打敗，進而讓自己在重重障礙之中，看見希望，並依靠自身的努力走向成功。

不想被自己打敗，就必須在失敗中找出口

有人說：「失敗的人往往會在失敗當中找藉口，而成功的人卻會在失敗當中找出口。」

有時候，失敗並不是你本身的能力問題，而是外在大環境不好的關係，但是只要你不灰心喪志，肯動腦筋從失敗當中去找出有助於下次成功的經驗，那麼你就能改變一切。

某位猶太人批發了大量的棉被到日本去銷售。剛開始，銷量很差，幾乎賣不出去，讓他賠了不少錢，但是他不甘心就這樣失敗。於是，他開始思考要用什麼行銷方式才能讓自己的棉被賣出去。

由於這位猶太人的這批棉被都是紫色的，而日本人有一個風俗：認為紫色是兒孫孝敬老人的最佳顏色，他心想自己何不給這些棉被編造一個跟紫色有關的故事。

因此，猶太人在賣場旁邊掛出一個牌子，牌子上寫著：「相傳兩百多年以前，有個孝順的女兒每天省吃儉用，買了一床這種紫色棉被，送給她罹患胃病的年邁母親，她的母親睡覺

蓋這種棉被一段時間之後，胃病竟然奇蹟似的好了，因為紫色是老人家的幸運顏色……」

果然，奇蹟發生了，猶太人的紫色棉被，頓時就成為搶手貨。即便猶太人趁機抬高價格，紫色棉被還是被一搶而空。

這是多麼高明的策略，把本來乏人問津的棉被賦予一個感人的故事，棉被立刻就變成「洛陽紙貴」！

其實，這種行銷的智慧不是猶太人的專利，比如說，天下名山一大堆，但不計其數的人會特地去造訪某些名山古勝，其原因不外乎就是這些名山裏的石頭和菩薩被賦予了一段又一段的神話傳說，使這些原本死氣沉沉的山活了起來，有了靈性，有了讓遊客必遊的吸引力。

不要一味地幫失敗找藉口

有時候，同樣一件事情，用不同的方法去做，最後的結果往往會天壤之別，因此當我們在某些事情遭遇挫敗的時候，千萬不要一味地只是在幫失敗找藉口，而是要想辦法在失敗當中找到通往成功的出口。

忍人所不能忍的事，就不會被自己打敗

培養自己的忍耐性，就要常常將「忍」字深刻在心底，時時提醒自己要去忍耐，我們不論遇到什麼事都要能做到不驕不躁，把個人的利益淡化，從大局，從整體的利益考量。

德訓篇說：「沙鹽、鐵堆雖重，但比忍耐一個無智糊塗而不虔敬的人，更容易擔負。」「忍」可以息事寧人，「忍」可以去幫助人度過難關，但要做到「忍」往往會讓人覺得很困難。

「忍」字常常被許多人奉為自己的座右銘來勉勵自己，但在實際生活中要真正做到「忍」，首先要努力去培養自己的忍耐性和容忍性。

一個年輕的爸爸推著一部嬰兒車，在公園的步道上匆匆走著，車裏面坐著一個看似剛滿周歲的小孩，正在大哭大鬧，年輕的爸爸則急得滿臉通紅，不知所措，他一邊推著車子，一邊不停地說：「大寶，不要發脾氣……再忍耐一下就到家了！」

有一個中年婦女走向前，對這位年輕爸爸說：「我從沒見過像你這麼年輕，還能這麼有耐心哄小孩的爸爸。」

「這位太太妳弄錯了，我不是在哄孩子，大寶是我的小名，我在哄我自己，免得自己受不了。」年輕爸爸說。

有一個被眾人欽佩和尊重的日本高僧，有一天，有位未婚生子的少女一口咬定孩子是他的，面對這樣極大的恥辱，這位高僧只說了一句：「是這樣嗎？」便二話不說地留下了小孩，並用心撫養這個小孩，為此，他遭到了很多人的白眼和冷嘲熱諷，但他都默默地忍受了。

一年後，誣陷他的少女終於受不了良心的煎熬，向家人說明了真相，並向高僧道歉，抱回孩子。當人們都為此憤憤不平時，高僧仍舊只說了那句：「是這樣嗎？」

其實，高僧的言行已說明了一切，他用自己的忍耐和寬容感動那位涉世未深的少女，也用他的莫大愛心挽救那個即將被遺棄的嬰兒。雖然他損失一年的名譽，但卻給人們留下了無價的東西。

培養忍耐性必須從小事做起

有句話說：「忍耐的人暫時容忍，最後必有喜樂的酬報，他暫時緘默不語，以後許多人的唇舌，卻要稱揚他的明智。」培養自己的忍耐性必須要從小事做起，常言道：「小不忍則亂大謀！」，同時也要帶有一種堅信、寬容的信念去不斷要求自己。

感謝所有譏笑和蔑視自己的人

感謝傷害你的人，因為他磨練了你的心志；感謝羈絆你的人，因為他強化了你的雙腿；感謝欺騙你的人，因為他增進了你的智慧；感謝蔑視你的人，因為他覺醒了你的自尊；感謝遺棄你的人，因為他教會了你該獨立。

有位哲人曾說：「當我們功成名就的時候，第一個要感謝的人，就是當自己窮困潦倒時，曾經對自己嘲諷和蔑視的人。」

外交家愛爾博多在一開始，想朝著文學創作領域發展，不過他從事小說和詩歌創作相繼失敗，他那沒有任何深度的演講也幾乎成了對手的笑柄。

然而，不受命運擺布的他，頂住了所有外界對他的譏笑，努力打拚，最終向社會、向大家證明了自己的價值，成為一位口才便給的外交家。

二〇年代出生於香港赫赫有名大家族的澳門博彩大王何永康，他的父親何中昌是香港的著名富商，也是當時銀風洋行的買辦，還是立法局議員及華東三院主席。然而，世事難料，他的父親在一夕之間破產，家裏一下變得一貧如洗，何永康只能靠自己的雙手打拚。

有一次，他的牙齒蛀了一個洞，痛得吃不下飯，坐立不安，又沒有錢去補牙，他想起了自己的一個姑丈是牙醫，就去找他補牙。

豈知，姑丈卻不屑地向他說：「你沒錢，學人家補什麼牙啊，拔掉算了。」這讓何永康非常傷心，因為自己的姑丈竟然在自己需要幫助時，不幫忙就算了，還在那裡講風涼話，而這也讓他嘗盡了世態炎涼。然而，何永康什麼話也沒有說，硬是把在眼眶中打轉的眼淚吞了回去，轉身就走。從此，他開始加倍勤奮讀書，發誓一定要讀好書，拿到獎學金，將來賺到大錢，讓母親過好日子，同時也讓別人不敢再小看自己。

事實證明，何永康的發奮努力，最後獲得了一般人難以想像的成功。

把別人的嘲諷和蔑視當做一種動力

情緒上的反抗無濟於事，只有把時間和精力花在事業上，才能走向希望和成功。把別人的嘲諷和蔑視當做一種動力，要學會感謝嘲諷和蔑視你的人，因為，如果沒有這些人，就無法激起你想要讓他們對你刮目相看的決心。

「昨天」是作廢的支票，「明天」是尚未兌現的期票

把每天當做最後一天，你就知道珍惜時間了。不要小看短短的幾分鐘，失敗可能就是僅僅因為晚了幾分鐘，所以要珍惜現在的每分每秒，從小事做起，從現在做起吧。

如果不說，應該很少人知道世界文學巨匠列夫·托爾斯泰在年輕時，其實是一個懶惰的人。但為了克服惰性，托爾斯泰採取了兩項措施，第一是天天做體操，第二是每晚睡前寫日記。這兩項措施，他一直堅持到八十歲，日記堅持寫到他過世前四天。正是他堅持不懈地克服了惰性，養成了畢生勤奮的習慣，才有了《復活》、《安娜·卡列尼娜》等偉大著作，並使他成為文壇巨擘。由此可見，養成良好的作息習慣，對克服惰性非常重要。

保持你的努力從不間斷的好方法，就是時刻提醒自己：「只有今天。」時間並不能像金錢一樣，可儲存起來以備不時之需，我們所能夠使用的只有被給予的那一瞬間，也就是今日、現在，而這也是克服惰性的方法之一。

要知道，抓住每一個今天，你就抓住了全部。因為，「昨天」是張作廢的支票，「明天」是尚未兌現的期票，只有「今天」是「現金」，有流通性的價值之物，如果不抓住「今天」，所有的希望都會消磨，在懶散消沉中流逝。

然而，「毋須為明日煩惱憂慮，只需全力以赴地生活在今天」的方式，對我們的人生可以產生難以估計的力量，讓我們懂得珍惜「今天」的每一分每一秒。

珍惜時間並不只是珍惜你自己的時間，更意味著你要珍惜別人的時間。一個不守約的人，除非理由充足，否則就是個十足的騙子，他周圍的整個世界就會像對待騙子那樣對待他。守時是獲取信任的前提，會給人贏來名聲和財富，珍惜時間的人，一般不會失言或違約，是可靠和值得信賴的。

相信很多人都看過《假如給我三天光明》這本書，在短短的三天時間裏，海倫．凱勒做的事可能比某些人一個月、一年，甚至一輩子做的有意義的事情都要多，因為海倫．凱勒比我們任何一個人都要懂得珍惜時間。

「今日事」最好可以做到「昨日畢」

「今日事，今日畢。」與其費盡心思把今天可以完成的任務拖到明天，還不如用這些精力把工作做完。任務拖得越久就越難完成，做事的態度就越是勉強。今天能完成的工作，被推遲幾天或幾個星期後，就會變成負擔。

你要做勇於冒險的「老鷹」，還是做安於現狀的「蟬」

有位勵志作家曾說：「很多人只要生活過得去，大都會選擇跟蟬一樣只安於現狀，待在自己熟悉習慣的『舒適區』，而不會選擇像老鷹一樣，敢於向未知挑戰……」

有次，偉哲與佳欣從南部騎機車到北部去聽了一場勵志暢銷作家的演講，在那場演講裏第一次聽到有關「老鷹和蟬」的故事。

因為，在演講的一開始，勵志暢銷作家就用「老鷹和蟬」的故事做開場白，勵志暢銷作家說：「大家想過蟬和老鷹有什麼不同嗎？蟬在樹上安逸定居，從不高飛，老鷹則敢於振翅高飛，向天空挑戰。蟬沒有老鷹敢於拚搏的冒險精神，自然無法享受征服高空的喜悅……但是，根據非官方的調查顯示，大約只有六%的人會選擇成為老鷹。」

這些話給了偉哲很大的啟示。離開的時候，偉哲對佳欣說：「雖然我還不確定要怎麼做，但我知道我們必須成為那六%的其中之一！因為這六%的人願意做一些別人不想做的事，這六％的人勇於冒險，這六％的人願意為了追求人生中更重要的事情，而放棄自己現有的利益。這六％的人追求正直、誠實、勤懇的人生，將追求人生的價值觀放在第一位。」

從北部騎機車回南部的當天晚上，偉哲與佳欣在中部的山上搭帳篷過夜，半夜一點的時候，偉哲忽然醒來，他搖醒佳欣並對她說：「凌晨一點了，妳有沒有看到其他人也跟我們一樣搭帳篷睡在野外呢？」

佳欣回答說：「沒有，偉哲，我沒有看到任何人啊！」

偉哲說：「我想我們就是那六％吧！」兩人同時都笑了起來，雖然聽起來有點像在苦笑，但也讓他們更加堅定地要做那六％的人。

努力讓你的人生充滿驚喜

勇於接受挑戰，當困難來臨時，大聲對自己說：「下決心成為六％的人！」絕對不要像蟬一樣，整日待在樹上，而是要展翅高飛，成就非凡，實現自我，努力讓你的人生充滿驚喜和炫目的色彩。

第八章　只要你是「鑽石」，總有一天會被人發現

天才都是從小做大，何況我們呢？
心急吃不了熱豆腐，
以足夠的視野和胸懷去努力打拚吧，
你的才能終會展現，
終會得到懂得賞識你的人的認可。

看到別人看不到的商機，賺到別人賺不到的錢

小商品同樣能做成大生意，賺取高額的利潤。但並不是所有的人都有那麼好的運氣，都能釣到大魚。所以你要注意生活中的細節，才能賺到別人賺不到的錢。

有位財經作家曾經寫道：「如果你能看到別人看不到的商機，就能賺到別人賺不到的錢。」

畢業於一所電氣專科學校的新田夫富，畢業後，進入一家打火機製造工廠工作，在一個偶然時機，新田夫富在一本雜誌上讀到法國一家公司在一九七〇年出售過「一次性打火機」，由於這跟自己的工作性質有關，於是他就跑遍許多大小圖書館，終於找到一份介紹這種新式打火機的資料，之後又透過相關管道買到雜誌上介紹的這種打火機。

新田夫富發現這種「一次性打火機」，機身密封非常好，不漏氣而且耐用，他心想一千支火柴要花四百日元，而一個一次性打火機可以連續使用一千次，其成本可控制在一百日元

以內，這是多麼大的利潤啊！因此，他當下決定辭掉工作，自己創業仿製生產這種新型打火機。

創業之初，新田夫富一直無法克服打火機漏氣的問題，但是新田夫富沒有因此氣餒，他為了克服打火機漏氣的問題，將市場上各種品牌的「一次性打火機」全部搜集回來，進行深入分析研究，終於研究出裝液化氣的機身高度密封的技術，克服了「一次性打火機」的漏氣問題。

而且，他還將歐洲同類產品的金屬機身改進為透明塑膠。這樣消費者隨時可以看到液化氣剩餘量，也消除了對漏氣的不安，新田夫富一推出自己研發成功的「一次性打火機」，立即受到消費者的一片好評。另外，新田夫富一開始就為「一次性打火機」找到了一個明確的市場定位，他把大眾消費者常去的香煙攤、雜貨店和車站等公共場所的小攤販做為主要銷售管道，很快就打開他的「一次性打火機」的銷售市場。

「一次性打火機」是人們生活中一種微不足道的小東西，多數生意人都不會注意到它的價值，只有那些「有心人」，才能看到這種小商品背後的龐大商機。

去做別人不想做的生意

一般人都會對小商品不屑一顧，認為生產它，沒什麼利潤可圖。但是，做生意就是這樣，誰也不願意去販賣的商品，你去做了，你就可能抓住了賺錢的機會。

只要你是「鑽石」，總有一天會被人發現

天才都是從小做大，何況我們呢？心急吃不了熱豆腐，以足夠的視野和胸懷去努力打拚吧，你的才能終會展現，終會得到懂得賞識你的人的認可。

「不要怕自己沒有出頭的機會，因為，只要你是一顆『鑽石』，總有一天會被人發現！」

英國浪漫主義風景畫家約瑟夫·瑪羅德·威廉·透納在小時候，他父親希望他能夠成為一個理髮師。然而，他卻在繪畫上表現出很大的興致，他的父親也沒有辦法，勉強同意他以畫畫為生，而透納很快就在畫壇嶄露頭角，不過為了生活，他當時什麼工作都接，而且大量的工作是給各種旅行指南和年鑑畫插圖，儘管這些工作報酬非常微薄，但透納依然做得非常認真。

而他所付出的努力，也漸漸被人看見，由於一般人總是樂意把一些高報酬的工作交給那

些認真負責的人，只要他們力所能及。因此，透那慢慢有機會開始接一些報酬比較高的工作。

隨著透納所接的工作越來越多，價格也慢慢提高了。人們開始注意到他的作品裏面包含的某種卓越的藝術成分，比起很多舉世公認的風景畫大師，他的成就也許都還要高出許多。可以說，透納在繪畫領域的地位，正如莎士比亞在文學方面的地位。

透納的成功故事告訴我們，在人生過程中，我們需要逐步展現自己的才能，得到他人和社會的認可，想要一步登天是不太可能的。

有一個博士畢業生，找不到與學歷相等的工作，最後他以一個大學生的身分去一個公司上班，雖然薪水遠低於他的能力，但他仍非常努力工作。

終於有一天，上司覺得他的能力高於他的工作，決定給他相當於碩士的待遇，於是他把碩士學位證書拿出來。此後，他仍然認真做事，最後得到了與博士能力相當的職位。

然而，如果他眼高手低，固執地要一下子找到與博士學歷相當的工作，說不定他現在依然四處碰壁，或者已沉淪到街頭去當街友，也說不定……

一步一個腳印，就不會被命運擊倒

即使你有非凡的能力，也要始終記著一個信念，那就是一步一個腳印。換言之，只有踏實地走好每一步，你才不會因暫時的困境和無法及時獲得別人的賞識，而被命運擊倒。

只要認為對的事情，你要有放手一搏的勇氣

如果想要成功不僅要將眼光放遠，而且還要準確，一旦看準目標之後，即便必須冒著傾家蕩產的風險，也必須不顧一切地放手一搏。

安德魯·卡內基是美國近代企業史上最有影響的人物之一，他從十三歲起，開始為生活而奔波，曾經當過電報公司的信差，做過鐵路公司的秘書等工作……卡內基是一位成功的創業者，他以自己非凡的天賦、聰明才智和善於抓住機會的應變能力，使自己在競爭中取得一次又一次的勝利，成為聞名世界的大富豪。

一八六〇年前後，卡內基在賓夕法尼亞鐵路公司擔任秘書，開始做股票投資。由於他審時度勢，抓住機會，借了六百美元當了股東，三年後竟獲得五百萬美元的現金紅利，這是卡內基獲得的第一次成功，也是他發跡的開始。

一八七二年，卡內基把目光投向了鋼鐵業，他準確地預見了鋼鐵業發展的大好前景，因

此毅然辭去了賓夕法尼亞鐵路公司的職務，向鋼鐵業投入了全部的精力。他把全部股票換成現金，投入鋼鐵工業，在匹茲堡南部建立起一座現代化的鋼鐵廠。

經濟形勢的發展正像卡內基預測的一樣，軍火、鐵路各方面對鋼鐵的需求越來越大。半年過去了，他的資金翻了幾倍，他的公司在鋼鐵市場佔據著舉足輕重的地位。

一九〇〇年，卡內基與華爾街金融巨頭摩根在「鋼鐵戰爭」中，卡內基表現出超人的膽識，雙方經過幾番較量，他以退為進，最後達成協定，卡內基的鋼鐵業歸摩根所有。

這個「結果」看似退步，實則為勝，因為按照合約，摩根以一對一點五的比率兌換了卡內基鋼鐵公司資產的實價額，依據華爾街的估價，據說有三億五千萬至四億美元，這使卡內基的資產翻了一番，從兩億多美元一下增至四億美元，超過美國當時的國防預算。

卡內基曾說過：「人死而富是最大的恥辱，而富是無法帶上天堂的。」成為億萬富翁的卡內基，雖然一生追求獲取最大的利潤，但是他並不僅僅是個守財奴，他把許多錢用到慈善事業與教育事業。

善於抓住機會，才能獲得成功

審時度勢、善於抓住機會、超人的膽識以及不疾不徐的應變能力，是一個想要獲得成功的人，必須具備的最基本能力。

沒有失敗過，就別說你一定會成功

比爾．蓋茲曾說：「命運中總是充滿了不可捉摸的變數。」所以能否知難而進，戰而勝之，對確定的方向，鍥而不捨，以及堅持既定目標，是相當重要的一環。

有句話說：「成功是一把衡量人生價值的尺，它是人類自我實現的需要。」成功是人生一種境界，因而，成功成為人人追求與嚮往的目標，但是，確定的目標並非一蹴而就、輕易達到。

比爾．蓋茲說：「無論遇到什麼不公平，不管它是先天的缺陷還是後天的挫折，都不要憐惜自己，而是要咬緊牙關挺住，然後像獅子一樣勇猛向前。」在任何狀態下，都能以積極態度對待生活，這種堅持積極的態度就可以使懦夫成為英雄，實際上，一個人是要做懦夫還是當英雄，其決定權掌握在自己手裏。

「成功者都是忙於勤奮的人，從來不靠運氣的降臨。」容易滿足、靠運氣滿足願望，也是性格脆弱的表現之一。

「向上望著理想中的自我，不滿足現在的自我。」、「成功來自積極的努力、勤奮和善於思考。」、「靠願望和祈禱是不行的，必須動手去做，才能讓理想實現。」、「天下沒有免費的午餐。」……上述的這些話語，對那些不能用堅持、堅持、再堅持的態度完成自己的目標、達到理想的人，是啟發也是鞭策。

邱吉爾說：「成功，是一種從一個失敗走到另一個失敗，卻能夠始終不喪失信心的能力……因此，不要害怕錯誤和失敗，失敗是成功之母。沒有失敗，你不可能成功。那些不成功的人是永遠沒有失敗的人。」因為，一次錯誤就放棄必須堅持的目標，這是懦夫才會有的行為。成功必須從行動開始，要制約自己選擇該做的，捨棄不該做的，堅持就是一種恒心和毅力，而恒心和毅力又是靠堅持培養和訓練出來的。因此，必須改掉依賴的習慣，堅持自主性、獨立性，拒絕依靠。

失敗離成功只有一步之遙

堅持是成功的重要一環，挫折、失敗離成功只有一步之遙，而跨越這一步的關鍵是對既定目標堅持到底；堅持是成功的必經之路，只有堅持才能將弱點轉化為力量。

真正的夢想都會被別人當成「白日夢」

真正有價值的夢想，一開始都會被一般人認為是一個不可能實現的「白日夢」。

卡內基說：「一個人在一無所有、跌入人生谷底的時候，其實，就是他開始往上爬升的時候。」

當你走進《費城縱橫》的老闆喬治．蔡爾德在費城的私人辦公室時，首先吸引你注意力的是掛在牆上的一句座右銘：「在你一無所有的時候，你唯一的選擇就是努力打拚。」喬治．蔡爾德就是遵循這句座右銘，從一無所有開始努力打拚，逐漸拓展他的報業。

喬治．蔡爾德從很小的時候，就夢想著擁有《費城縱橫》和出版這份報紙的辦公大樓，但是，一個每週只能賺兩美元的窮小子怎麼能指望擁有這麼著名的一份報紙呢？因此，他的周遭朋友都認為他在癡心妄想，都紛紛勸他做人還是腳踏實地一點。

然而，喬治．蔡爾德卻不輕言放棄，他有著堅定不移的意志和年輕人特有的開拓事業的魄力，他在一家書店裏工作了一段時間，省吃儉用存了幾百美元，隨後，他就辭掉書店工作開始他的出版事業。

他選擇從做圖書出版起步，他所出版的一些圖書因視角獨特、內容新穎，而在出版界獲得一片好評，諸如《凱恩的北極遠征》……等等圖書都很暢銷，對於什麼樣的圖書能夠吸引大眾讀者的注意力，他有著高度的敏銳性，這也讓他的出版事業發展得很順利。

於是，他開始了自己的下一步計畫，但在當時《費城縱橫》這份報紙每天都在賠錢，他的朋友們也多次勸告他要謹慎行事。然而，他還是在一八六四年毅然買下了這份報紙，讓他童年時的夢想終於成真。

接下來的任務就是如何整頓這家經營不善的報紙，喬治・蔡爾德採取了逆向操作的方法，他整頓《費城縱橫》的第一步出乎所有人的意料，他竟然把報紙的訂價提高了一倍，但同時減少了廣告版面的比例。由此，《費城縱橫》開始靠著新聞內容和評論重新吸引了讀者的注意……這也讓這份瀕臨絕境的報紙很快起死回生，重新恢復了昔日的盛況和榮景。

不輕言放棄，夢想才有成真的一天

當所有人都認為你的夢想是癡心妄想的時候，那麼這個夢想才有實現的價值，只要你能堅持下去，不輕言放棄，那麼你的夢想最終有成真的一天。

把壓力轉化成前進的動力

由於過去的失敗、傷痛，或不好的記憶殘留下來的壓力，也經常會對人造成困擾，應對方法就是你可以告訴自己，你無法改變過去，要做的是不讓事情重複發生，過去的就讓它們過去吧，一味的沉浸在過去的陰影中有什麼意義呢？

有人把壓力轉化成自己前進的動力，但有人卻放任壓力，讓它成為自己成功路上的阻力。

史前的人類平均壽命不過二十歲的原因，是他們每天面臨著各種生存壓力，雖然現代人不再有被野獸追趕、吞噬的危險，但壓力仍不可避免。

現代人承受的壓力往往是過量的，從而導致了許多消極影響，身處困境的人，尤其如此。

我們面臨的壓力不可能人人相同，但大多數來自於我們環境周圍的人、事、物，比如你的上司、同事、下屬。除了人之外，工作地點也可能是壓力來源。此外，和工作有關的壓力也在增加中，譬如公司被他人接管、縮編、合併，或其他競爭的挑戰……等等。

還有就是職業的壓力，有些人本身就從事高壓力的職業。例如，長期處於高壓力的狀態下的飛機駕駛員，以及工作場所如果經常處於高噪音狀態，或是有高度緊張的情況，都足以減損壽命。

這世界上有太多會造成壓力的事，我們根本無法將它們一一列舉，由於每個人接觸的人、做的事，所處的環境都不相同，當然也就不可能面面俱到了。

很多人經常會對還沒發生的事先乾著急，杞人憂天，面對這種「預期壓力」，應對的策略是良好的計畫，充分的準備，停止擔憂，一旦發生，就能想出辦法來從容應付。

另外，面臨困境、威脅或挑戰引起的「即時壓力」，也需要馬上留意。簡單的因應方法就是深呼吸，深深吸一口氣，放鬆自己，告訴自己可以應付，盡可能冷靜地克服困難。

只要能知道所面臨的是哪一種壓力，就可以著手控制了。試著讓自己放鬆，這樣你才能更好的工作和生活。

否則，處於過大的壓力當中，將會惡性循環，讓你的人生越來越糟。

好的壓力，可以成為你振作的動力

壓力有好與壞之分。好的壓力也是動力，可以讓你奮起振作，提供刺激和挑戰，有利於人的工作、生活和發展。壞的壓力則會讓人精神沮喪，遭受挫折，或暴躁不安，甚至縮短生命。

不要太在乎自己的在乎，就不會被自己打敗

一位哲人曾說過：「沒有什麼東西，可以使一個人勝過另一個人，如果他在任何情況下都沉著冷靜的話。」因此，如果你不想被別人打敗，千萬不要在別人面前，表現出自己非常在乎某件事物的樣子，否則，一旦被對手知道你在乎的事物，這件事物就會成為對手攻擊你的弱點。

有人說：「即使一件事在最後無法達到你預期的結果，也不要過分懊惱。」如果在工作中，你太看重自己，太在乎成敗，往往在無形中給自己增加了壓力和心理緊張，使自己表現得很糟糕，根本無法冷靜地考慮問題。

所以，儘量放鬆自己，也就是你可以在意你的工作，但不要太在意。不管結果如何，盡你最大能力去做就是了。

因為，過分的看重結果，只會使結果更糟。相信大家都有那種在緊張的情況下，大腦一

片空白的時候，比如在考場上考試的時候，你越緊張就越腦袋一片空白，又譬如站在眾人面前演講的時候，你越緊張就會越語無倫次。

另外，過於在乎的結果，往往會讓事情在最後跟自己的「在乎」背道而馳，例如，你的女兒非常在乎她這次在學校舞會的表現，於是，你帶著她去買舞會要穿的晚禮服，讓她可以穿著去參加學校的舞會。

到了服裝店，她看到了一件非常漂亮的晚禮服，心想著自己如果穿著這件晚禮服，一定會成為明天學校舞會，大家注視的焦點，但她卻在試穿這件禮服的時候，擔心弄皺晚禮服，無法穿去參加學校舞會，而不小心扭到了腳，於是她含著淚，不得不取消參加明天的學校舞會。

你可以在意，但不要太在意

你的不知所措、慌亂只會給對方增添信心，同樣的，你從容鎮定，大大方方，一副胸有成竹的樣子，也會使對方緊張起來。因此，如果不想被別人打敗，你必須在別人面前裝做一副對任何事都不在乎的樣子。

越自信，越能夠成功地超越困境

你必須隨時提醒自己，你可以決定自己所需要的是什麼，因為這反映了你的權利，你必須判斷自己所需要的是否公平，因為這反映了他人的權利，以及清楚地表達自己的需要、保持心情平靜、做好冒險的準備。

人生就是由一串不如意所組合而成，因此，你必須學習如何讓這些不如意，成為自己生活中的一部分。的確，當你面對環境壓力、上司權威，不敢對自己受到的不公正待遇表示抗議；對於你所愛的人，你不敢或不能表達對他們的感情；或在連續的不如意的打擊下，你無能為力的時候，就會開始對自己生悶氣，焦躁不安，從而感到沮喪絕望。

然而，會有上述負面情緒反應的人，總是把環境壓力或他人的反應放在第一位，以致打擊了自我信心，如果想把自己放在首要位置，則需進一步用一些正面的方法來訓練自己的自信。

首先，你要意識到你有表達自己的意見和情緒的權利，你有自己決定及處理事情的權利，你有改變自己主意的權利，以及當你涉及到他人問題時，你有選擇的權利，譬如拒絕或理解某件事、毫不內疚地說「不」，以及向他人要求你想要的東西，總之，你要培養一種既尊重自己又尊重他人的能力，以恰當地表達上述的這些權利。

另外，事先做簡要的描述，以便知道自己的觀點是否正確，不必長篇大論地去說明自己觀點的合理性，簡明扼要的講述具體事實就足夠了，而且，簡明扼要，不要理論化，也可避免其他人的阻止、插嘴和打岔。其次，與人交談時，開場白非常重要，安全的表達方式是用一種恭維或肯定性的語言，例如：「這是一篇非常好的文章，但希望你能寫得通俗明白些，以便讓人容易讀懂……」、「這是一個好主意，但我想在這裡可能不適用……」

也就是儘量讓自己保持客觀公正，除了解釋你所見的實際情況以外，不要涉及到對個人的批評，即使真的要做批評，也只能針對一個人的行為、動機和表現，而不能針對其個人本身。

有人會使用批評來破壞你的努力

不要期望別人總會與你合作，接受你的觀點，儘管你希望得到一種贊同的意見，但這種情況不是必然的，因為，有些人會使用批評來分散你的注意力，破壞你的努力，讓你有一種被自己打敗的錯覺。

如何讓自己擁有成功人物的「腦袋」

英國戲劇大師蕭伯納說：「倘若你有一顆蘋果，我也有一顆蘋果，而我們彼此交換蘋果，那麼你和我仍然是各有一顆蘋果。但是，倘若你有一種思想，我也有一種思想，而我們彼此交換思想，那麼我們每個人將各有兩種思想。」

愛因斯坦曾說：「整個科學不過是日常思維的一種提煉。」在向目標前進的過程中，每一天你都必須把思考的時間留出來，因為，舉凡各行各業的成功人物，無不很好地發揮了頭腦的思考功能，那麼我們應該如何思考，才能擁有成功人物的「腦袋」，獲得跟成功人物一樣的成就。

首先，有些問題按常規的方法思考，往往得不到正確的答案。如果把問題反過來思考，或者換另一個角度來考慮，打破常規的框框，問題反而就解決了。眾所皆知，水都是往低處流的，但有的人卻把這個問題反過來思考，於是就發明了抽水機。

在山窮水盡疑無路的時候，使用標新立異的思考方法，可能會使你得到意想不到的效果，因為固定的思考模式只會限制你的思維，很難讓你獲得成功。

其次，在思考的過程中，必須設想後果，不能顧頭不顧尾。一切科學研究的成敗，都會從後果體現出來。所以我們思考問題時，絕不能忘記考慮後果。我們想做某件事情，可能動機是好的，但效果卻不一定好。

另外，集思廣益，不固執己見，認真汲取別人的智慧，可以讓自己從一個腦袋變為幾個、幾十個腦袋。因此，在思考重要問題時，你一定要多徵求別人的意見，千萬不要自以為是，否則，你的腦袋將逐漸僵化、閉塞，並失去活力，成功也將與你「絕緣」。最後，站得高才能望得遠，有著遠大理想和抱負的人，思路也更加廣闊，而且總是比別人想的多，因此，成功的可能性也就更大。如果只限制在一個小框框裏，就如同一隻井底之蛙，永無出頭之日。

顧頭不顧尾的思考方法，成功的機會不多

如果在做每件事情之前，都設想一下後果，就會減少許多失誤。那種顧頭不顧尾的思考方法，成功的機會是不多的。同時，想到了後果，一旦失敗也不會受到太大的打擊，反之，希望越大，失望就越大。

相信自己，是增加自信的第一步

當你對某人微笑，而他也報以微笑時，你就自然地覺得較好，即使他們並未報以微笑，你也會感到比較好，因為你知道世界上最窮困的人，就是那個不會微笑的人。而且，你知道當你向人微笑，你的心靈立即就變得更富有、更有自信。

「想要增加自信的第一步，就是相信自己。」

一個年輕女孩成功地做出一盤炒蛋時，就會更相信自己有能力烹調一桌佳餚；能夠打破兩公尺記錄的跳高選手，在每次練習時，都會使跳高橫桿相對地低一些，這樣做的目的，主要是跳高者想要從「自己能成功」的領域開始，一旦獲得成功，再逐步增加高度，這樣一來，每一種高度的成功都能給他增加信心……

另外，想要增加自己信心的方法，還可以經常去讚美別人，當你真誠地讚美一個人，或者給他禮貌的表示時，別人也會用同樣的方法來讚美你，一旦我們經常讚美別人，別人也經常讚美自己的情況下，自己就會變得更有自信、更有信心。

當你每天跟同事與家人交談時，馬上就能做到這一點。當有人說「嗨！你做得很好」時，不妨立刻很愉快的回說：「謝謝你！你也做得不錯。」

另外，儘量跟那些「正面思考」的人交往，也能增加自己的信心，這樣做所得到的好處十分驚人，譬如有很多各行業的男女，以害羞、內向、能力不足的模樣，進入銷售行業，可是他們在幾個禮拜內，就會變成有信心、有能力，而且是更富於創造力的人。

這到底為什麼呢？在許多情況下，這些人過去一直生活在消極的環境中，而且，周圍的人也不斷地在他們心靈中倒進「消極的垃圾」，並且告訴他們哪些情況不能做，現在每一個人都開始向他們說，他們可能做些什麼？

因為，他們在公司中，從訓練講師、經理與同事那裡聽到了積極的敍述，由於他們發現這種積極的工作氛圍，不僅有趣且更具挑戰性，所以他們幾乎立刻開始改變自己。

用自信來練習面對失敗

在銷售訓練中，派一位推銷員出去做第一次的推銷拜訪以前，會先讓他在訓練室中模擬練習一番。如果他在練習中做得很好，會增加他成功的信心，如果他在練習中遭到失敗，也不會給他造成真正的打擊，而且，還可以讓他培養被自己打敗的勇氣。

第九章　沒有經歷過逆境，不知道自己有多少能力

逆境讓人變得堅強，
讓人懂得怎樣去面對將來人生更大的困難，
換言之，「逆境」是測試你有多少能力的「溫度計」，
沒有經歷過逆境的人，
無法獲得真正的成功。

懂得在逆境生存的人，不會輕易被打敗

人要獲得深邃的思想，或者要獲得真正的成功，就必須善於從窮困破落中摒棄自怨自艾，因為，只有在不幸生活造就出來的人，才會深刻、堅忍並且執著。

有句話說：「從長遠的眼光來看，『一帆風順』對你來說，不是一件好事，因為，『一帆風順』只會造就你的軟弱，使你弱不禁風。」

如果我們經常翻閱名人傳記，就會恍然發現幾乎每一位成功人士的成功道路，都不是一帆風順的，但正是他們善於在艱難困苦中，不向命運低頭，磨礪意志，才在最險峭的山崖上，走出一條真正屬於自己的道路。

在洛杉機的一個盛大宴會上，來賓們就某幅繪畫到底是表現了古希臘神話中的某些場景，還是描繪了古希臘真實的歷史畫面，而展開了激烈的爭論。看到來賓們一個個面紅耳赤，吵得不可開交，氣氛越來越緊張，主人靈機一動，轉身請旁邊的一個侍者來解釋一下畫面的意境。

結果，這位侍者的解釋令所有在座的客人都大為震驚，因為他對整個畫面所表現的主題做了非常細緻入微的描述。他的思路顯得非常清晰，理解非常深刻，而且觀點幾乎無可辯駁。因而，這位侍者的解釋立刻就解決了爭端，所有在場的人，無不心悅誠服。

這個侍者說他在許多學校接受過教育，但是，他在其中學習時間最長，並且學到東西最多的那所學校叫做「逆境」，儘管他只是一個地位卑微的侍者，然而，早年貧寒交迫的生活，使得他有機會成為一個對人生有著深刻認識的人。

威廉姆．科貝特說：「如果說我在這樣貧苦的現實中尚且能夠征服艱難、出人頭地的話，那麼，在這世界上還有哪個年輕人可以為自己的庸庸碌碌、無所作為找到開脫的藉口呢？」

很多身處逆境的年輕人，也許都在抱怨命運的不公平，抱怨環境對自己的不利影響，但是，即便是在貧困窘迫的不利環境下，還是必須坦然樂觀地面對生活，讓自己在逆境中臥薪嚐膽、積蓄力量，堅持不懈地追求著卓越和成功。

越早遇到逆境，對自己越好

並不是每一次不幸都是災難，早年的逆境通常是一種幸運。與困難做爭鬥不僅磨礪了我們的人生，不會輕易被打敗，也為日後更為激烈的競爭，準備了豐富的應變經驗。

沒有經歷過逆境，不知道自己有多少能力

逆境讓人變得堅強，讓人懂得怎樣去面對將來人生更大的困難，換言之，「逆境」是測試你有多少能力的「溫度計」，沒有經歷過逆境的人，無法獲得真正的成功。

有位勵志作家曾經寫道：「『逆境』非但不是阻擋一個人前進的困境，反而是讓一個人奮發向上的最好環境。」

一八八七年五月二十六日生於美國三藩市的伊莎朵拉．鄧肯，是美國現代舞蹈的奠基人，被譽為「現代舞之母」，影響了世界舞蹈後來的發展。

伊莎朵拉在童年的時候，就充滿了勇氣、不服輸和反抗的精神。比如說，如果家裏一點吃的東西也沒有了，她就會自告奮勇到肉舖去，用盡各種方法，好讓肉舖老闆賒給她一點豬肉片，然後，再到麵包店去，對麵包店的老闆說無數的好話，以讓麵包店老闆允許她家繼續賒一些麵包。

每當這些事情成功的時候，伊莎朵拉總是感到無比的樂趣，她手裏拿著賒來的全家食物，跳著舞，高高興興地回家，心裏充滿了喜悅和歡欣。然而，她每次在從哄騙兇惡的肉舖老闆的過程中，學到了一種如何對付惡人的本領，後來長大後，都用在那些一肚子壞主意的經理人身上。

還有一次，媽媽辛苦地編織了一些毛帽手套，商店卻不肯收購，媽媽傷心地哭了。伊莎朵拉看到了，便從媽媽手裏接過籃子，把媽媽織的帽子戴在頭上，手套戴在手上，冒著寒風挨家挨戶兜售，結果，不僅所有的毛帽手套全部賣掉了，賣掉的錢還比商店收購的價錢多上一倍。

你看，在逆境中成長的孩子，是多麼能幹和有勇氣啊！而這一切也為伊莎朵拉往後在事業上的成功，建立了精神支柱。

一般的父母也許給孩子準備了特別好的環境，但是這樣一來，是不是就把孩子生活中的冒險精神一筆勾銷了？讓孩子儘量自由的發展，這是伊莎朵拉用自己的親身經歷，編織出的經驗。

逆境讓人充滿前進的動力

「沒有經歷過逆境的人，永遠不知道自己到底有多少能力。」的確，逆境可以造就人才，逆境讓人充滿前進的動力，磨練人的意志，逆境可以激發一個人從來沒有發現的潛力。

凡事「先想再做」，就可以減少失敗的機率

商界大亨亨利．杜哈蒂曾經說過：「我只做一件事，思考和安排工作的輕重緩急，其餘的完全可以雇人來做。」

有個寓言故事：父親交給兩兄弟一人一把生銹的柴刀，看誰砍柴多。哥哥拿了刀就往山上跑，弟弟卻先找磨刀石，把刀磨利了才上山，最後的成功當然屬於弟弟。因此，中國有句俗語：「磨刀不誤砍柴工。」

諾維斯．簡是個推銷員，做推銷工作沒多久，就發現他的工作效率極差，他希望找到一個辦法，使自己的工作能夠事半功倍，他開始意識到，要提高工作效率就必須花足夠多的時間去「磨刀」。

於是，諾維斯．簡開始學習如何做計畫，他把所打的電話記在卡片上，每週有四、五十張。然後，根據卡片的內容安排下次的話題，以及要寫的信……等等。再排出日程表，列出

週一到週五的工作順序，包括每天要做的事，這要花去四、五個小時，又瑣碎又枯燥，半天時間就沒了。

因此，剛開始時，他總是做到一半就想放棄。堅持一段時間後，嘗到了甜頭，跟著就發現成效顯著。

從那以後，每週一上午，他不再急著打電話，而是精神飽滿、信心十足地會見客戶。他說：「我必須見到他們，因為我準備了一週，一直都在想該與他們說些什麼，要為他們提供哪些建議。」

推銷如戰場，絕不要打無準備的仗，要確保成功，就必須反覆準備。幾年之後，諾維斯．簡把星期六上午改成思考下週工作的「計畫時間」，因為，思考半天勝過瞎忙五天，週六下午和周日全休，這樣一來，讓他能以非常高效的效率工作五天。

大部分的人都沒有養成「先思後行」的習慣，要嘛是只按別人說的做，要嘛是做到哪裡算哪裡，這樣可不好。諾維斯．簡說：「我以前的很多失敗，就是因為沒有學會『先思後行』這一點。」其實，花足夠的時間去思考和籌畫，既簡單又有效，但諾維斯．簡卻花了好些年的時間，才領悟到這個道理。

這很遺憾嗎？是的！但又很值得。

做一個讓別人按照自己計畫來做的人

聰明的人懂得利用時間去做計畫，讓別人按照自己的計畫來走；愚蠢的人則是不懂得做計畫，讓自己按照別人的計畫來做。事實證明，只要拿出足夠的時間來做計畫，就會發現效果驚人。

讓自己成為別人心中不可缺少的人

當你說「這都是大家一起努力的成果」時，你的上司應會本能地察覺到，一定是你領導有方，才會有那樣的成果。因此，把榮耀歸給大家，更有助於你往後工作的推展。

在這個沒有硝煙，看不見刀光劍影的競爭社會，為了生存下去，我們必須想盡辦法為自己的「飯碗」而努力打拼。

然而，如何應付來自競爭的壓力？如何提高自己的競爭力？則是每個人必須嚴肅面對的課題。

我們必須明確的一點是，你無法控制別人或無權掌控公司的做事方法，但完全能掌握自己。因此，你要競爭的不是別人，而是你自己，那就必需要求你向過去的表現挑戰，超越自己。只要你把自己的競爭力發揮到極致，就能成功。而提高競爭力的最好辦法就是使自己成為不可缺少的人物。

那麼要如何使自己成為不可缺少的人物？首先要做沒人願意做的工作。你可以挑一樣公司很需要但又不是非常容易學的技能或專業知識，並且最好是別人不願做的或者沒想到的，這能在適當的時候，大幅度提升你在公司的重要性。

其次，是讓自己多做額外的工作，如果想走在公司其他同事前頭，就多做一些指派工作之外的事，自願幫忙完成已經超過期限的專案企劃，你終將會被注意到的，並且還可以主動幫助其他同事，因為主管對於你幫助資淺或新進員工的做法會記在心裏，另外，主管不在時仍維持高工作效率，事實證明，老闆最可能監控員工在他們不在時的表現了。

最後，你必須理解公司的需求，這樣做有助於瞭解你在公司所扮演的角色，以及達到工作滿意度和升遷機會的要素。

除此之外，也可以為自己創業累積經驗。因為，如果有一天，你的工作沒有了，你有什麼選擇？很顯然，你必須創造自己的事業。

做好份內的事，讓你的主管不能沒有你

將你的工作有效率且徹底地完成，讓你的頂頭上司面子上好看。如果你的主管是個公平的上司，他會把這份功勞記在你頭上，增加你升遷的機會。如果你的主管完全依賴你，自己並不怎麼做事，也不

把功勞記在你頭上，當他升官時，你還是可能獲得晉升，因為他知道如果沒有你的幫忙，他是升不了官的，你只要有上述的體認，就可以在職場培養被自己打敗的勇氣。

不要贏了爭論，卻傷了別人的自尊

真正使他人贊同你的方法並不是爭論，人的心意不會因為爭論而改變。那麼，如何贏得別人的贊同呢？你要知道，你要的並不是表面上的勝利，而是別人一種發自內心對你的好感。

有一對結婚六十年的夫妻，有次接受記者訪問時說道：「我們夫妻在婚前就訂下了協議，這項協議是：當一個人大吼的時候，另一個人就應該靜聽，因為當兩個人都大吼的時候，就沒有溝通可言了！」

哲文是木材公司的老闆，多年來，他總是毫不客氣地指出那些脾氣大的木材檢驗人員的錯誤。他雖然贏得了辯論，可是卻使公司損失了成千上萬的金錢，因此，他決定改變，不再與檢驗人員爭辯了。

有一天早上，哲文的辦公室電話響了。一位焦躁憤怒的主顧，在電話那頭抱怨他運去的一車木材完全不合乎他們的規格，請哲文立刻把木材搬回去。

哲文掛上電話後，隨即趕到了工廠，他走到卸貨的卡車旁，然後請檢驗員繼續把不合規格的木材挑出來，把合格的放到另一堆，不久之後，哲文發現，原來是檢驗員的檢查太嚴格，但他仍不動聲色，慢慢地開始問檢驗員某些木材不合標準的理由何在，但也沒有暗示他檢查錯了，只是強調，他會這樣問，只是希望以後送貨時，能確實滿足他們公司的要求。

而且，在這個檢查過程，哲文一直將自己的姿態放低，於是原本劍拔弩張情緒開始緩和，偶爾哲文小心地提問幾句，讓檢驗員自己覺得有些不能接受的木材可能是合乎規格的，也使檢驗員覺得他們的價格只能要求這種貨色……

最後的結果是，檢驗員重新把卸下的木材檢驗一遍，全部接受了，而哲文順利地收到一張全額貨款的支票。

單以這件事來說，運用一點小技巧，以及儘量制止自己指出別人的錯誤，就可以使公司在實質上減少一大筆金錢的損失，而且，另外所獲得的良好關係，則非金錢能衡量。

爭論的結果，只會使雙方比以前更相信自己是正確的

當問題產生分歧時，無頭無腦的爭論是無濟於事的。爭論的結果只會使雙方比以前更相信自己是正確的，你贏不了爭論。要是輸了，就輸了；但如果你贏了，還是輸了。為什麼？因為即便你把對方攻擊得千瘡百孔，一無是處，那又怎麼樣？你也許會洋洋自得，但你傷了他的自尊，他會怨恨你的勝利。

曾經被打敗的人，最有自信

在美國九〇%的推銷機構中，那些最成功的推銷員，往往比他們公司中大部分的推銷員漏掉過更多的生意。

如果你覺得自己沒有自信，或許可以製作一張表，而這張表所列的的內容應包括從孩提時代，直到現在帶給你最大滿足與自信的事情，當你定期複習這張表時，就可以讓自己回想過去成功的一些事情，而且你現在還可能再辦到……如此一來，就可以在無形中幫你建立自信。

另外，想要建立自信，必須學習從失敗中走向成功的勇氣。因此，要多多向已經成功的失敗者學習，這種情形有目共睹，像沃特．迪士尼在成功以前曾破產七次，還有一次精神崩潰，但他最後仍然建立別人難以超越的迪士尼王國。

實際上，有些人的成功都是由於他們堅持不斷的努力所致，要知道偉大的槍手跟渺小的槍手之間的差別，就在於偉大的槍手是一位肯繼續練習的渺小槍手而已。

最後，勇敢地正視別人，也是增進自信的一種方法。幾乎毫無例外的是，不論街上的人，或受過高深教育的專業人士，都會告訴你，他們喜歡那些能看著他們眼睛說話的人。

許多人由於缺乏自信，因此經常避免跟人的眼睛做正面接觸，即使直接交談時，他們也不看著對方。還有更多的人由於本身自我成見的關係，認為他們「不值得」，以及「不夠好」到要去正視他人的眼睛。

如果你有這種不敢去正視別人的毛病，你可以在鏡子前隨時正視自己，也可以每天抽出幾分鐘的時間，專門用眼睛正視自己。

你做這件事情時，順便重複做曾經做過的積極肯定的事情。然後，還可以重複其他人曾經對你提過的積極事物，讓自己的注意力集中在能力、快樂、誠實、聲望、同情、堅忍、體貼、性情、合作精神等方面，不用多久的時間，你就會獲得讓你意想不到的效果。

當你正視別人時，別人也會正視你

你可能沒有想過，當你正視別人時，別人也會正視你，除非你覺得自己不吸引人時，才會不敢去正視別人，事實證明不敢正視別人的人，也是不敢正視自己的人。

跟別人借力量來幫助自己成功

不要拒絕他人的經驗、知識和力量，培養合作精神，取長補短，借力使力，可以克服自身的各種缺陷，更確定地成就事業。

有位投資專家在他的網誌寫道：「所有億萬富翁，都懂得借力使力的秘訣，也就是借用越多力量，就會讓自己賺錢越輕鬆、越快速。」

一九八六年正式成立的中國四通集團，實施了「與巨人同行」的「借力使力」經營策略，它透過與國際一流公司興辦合資企業的方式，共同組織國際資本、國際市場、先進技術，建立了大規模的現代化生產企業，也就是以這些企業產品在中國市場與跨國公司競爭，更以這些企業產品進入國際高科技市場。

四通集團先後與美國COMPAQ公司、日本松下電工公司、日本三井物產公司、加拿大新時代公司，合資興建了若干家大型生產企業，另外，透過一年多的艱苦談判，他們與三菱電機公司、三井物產公司共同分期投資二十億美元以上的另一家半導體生產企業，讓該企業成為中國規模最大、技術最先進的半導體生產企業。

像四通集團這樣白手起家的民營企業，在這樣短的時間裏，若沒有採取「借力使力」的戰略和策劃，想實現如此巨大的生產規模是完全不可能的。

「借力使力」這種經營謀略不但適於商場，即使國家它也是一條基本的經濟謀略。現在世界各國，都普遍鼓勵經濟界吸引與引進外資來投資開辦企業。此種作法直接的好處有二：其一，外資來辦企業，不可能帶人力來，首先可提供本國大量人員就業；其二，引進國可大大增加財政收入，至於外交、政治上的好處，那就更不用說了。

此種方法不僅適用於開發中國家，就是已開發國家也深識其巨大作用。像當今世界，法國就特別注意引進外資。美國為了發展經濟，在移民這一點就附加了投資這一條，說明白就是：「要來美國，非常歡迎，但必須帶錢來投資。」

借力使力，能助自己成功

視野開闊者，從來不會自我封閉，而是講究溝通，學習經驗，最好能巧於借力，利用他人的有利條件為我所用，借力使力，能助自己更快地走向成功。

不要害怕失敗，而是要擔心你還沒失敗過

當你開始自己創業時，不要害怕失敗。「你失敗了三次」和「你是一個失敗者」是完全不同的兩個概念，正是幾次的失敗累積了你事業上的經驗，從而推動你成為一個成功者。

蘇格拉底曾經說過：「所有真正的成功，都出現在一次又一次的失敗之後。」《紐約先驅報》的創辦者詹姆斯．貝內特就是在幾次失敗之後，並且花費一、二十年的時間去努力打拚，才獲得成功的。

詹姆斯．貝內特在一八二五年經營《紐約信使報》時，遭到了挫折，一八三二年他的《環球》又宣告破產，此後不久他的《賓西法尼亞人》又沒有成功。

辛苦工作了十四年的貝內特，大約存了幾百美元，一八三五年，他就帶著這幾百美元找到賀拉斯．格里利，希望能夠和他合作創辦一份新的日報《紐約先驅報》，雖然賀拉斯．格里利拒絕了這個建議，但是給他推薦了兩名年輕的印刷工，這兩個人就和貝內特組成了合夥

關係。

一八三五年五月六日，《紐約先驅報》正式創辦，貝內特在華爾街租借了一間狹小的地下室，在裏面擺了一張椅子，在兩個圓桶上面架一塊厚木板，就成了一張簡陋的辦公桌，他們就在這裡開始了這份在美國新聞史上有著巨大影響的日報，即便當時他們所有的資本僅能支付報社十天的花費……

當時，《紐約先驅報》這樣一種報紙的形式在美國還不為人知，屬於首開先河。貝內特他們的報紙以報導速度的迅速及時和報導內容豐富及新穎獨特，而開始廣為人知，慢慢地他們站穩了腳跟，開始一步一步地朝著理想邁進。

任何事業在開創之初總是困難重重、歷經波折，《紐約先驅報》的起步之路也是坎坷崎嶇。

但是，隨著矗立在紐約百老匯與安街交匯處的那棟壯觀威嚴的新聞辦公大樓的落成，《紐約先驅報》宣告了它在美國報界不可撼動的地位。

所有的成就，都有一個由入門而精通的累積過程

創業時，你可以充分利用工作期間建立的人際關係，取得他人的幫助，因此當你還在為別人工作時，實際上已經開始了你的創業生涯。我們要在某一行業中取得成就，都要有一個由入門而精通的累積過程，這時你要特別留意的是一些行業裏的訣竅……這些都將為你創造自己的事業打下基礎，以及累積避免被打敗的經驗。

「微笑」是一種必備的「成功表情」

微笑，很簡單的一個行動，表達的意義卻非同小可，它所表示的是：「我喜歡你、你使我快樂、我很高興見到你。」對方就自然也樂於接受你了。

一個紐約大百貨公司的人事經理說：「他寧願雇用一名有可愛笑容而沒有念完中學的女孩，也不願聘請一個擺著撲克面孔的哲學博士。」

志雄的工作是銀行主管，他和太太結婚已經快二十年了，在這段漫長的時間裏，從他早上起來，到他要上班的時候，他很少對他太太微笑。

有一天，他在書店看到卡內基的書上寫著「微笑會改變你的人生」這句話之後，決定要來嘗試一下「微笑」的力量。因此，第二天早上刷牙的時候，他就看看鏡中的他滿面愁容，然後對自己說：「你今天要把臉上的愁容一掃而空，你現在就要開始微笑。」

當他坐下吃早餐的時候，他以「早安，親愛的老婆！」跟他太太打招呼，同時對她微笑。他的太太被搞糊塗了，他對太太說，從此以後要把他這種「反常」態度看成正常的事情。

這種做法改變了他的態度，現在，他要上班的時候，他會對大樓管理員微笑著，說一聲「早安！」；當他跟捷運的服務台加值悠遊卡的時候，他會對服務台小姐微笑；當他上班站在銀行櫃台時，對著那些以前從沒見過他微笑的客人微笑，他很快就發現，每一個來銀行存提款的客人也會對他報以微笑。

他在銀行部門有一個部屬，是個很討人喜歡的年輕人，有一天，這個部屬跟他說：「當初剛進銀行工作的時候，認為志雄是個非常悶悶不樂的人，直到最近，他才改變看法，他說當志雄微笑的時候，還蠻和藹可親的。」志雄現在會帶著微笑來面對每天銀行煩雜的工作，而這真的改變他的人生，他現在變成一個完全不同的人，一個更快樂、心靈更富有的人。

微笑比語言更有力量

很多時候，行動比語言更具有力量。一個令人心情溫暖的微笑，具有很高的心靈價值。因為，一個人如果終日愁眉苦臉，給人的感覺就很不好，別人會覺得他很消極，很壓抑，倘若讓微笑時常在臉上浮現，別人就會覺得你溫柔的像天使一般。

你可以看到別人看不到的機會

你有一雙看到別人看不到的「慧眼」嗎？比別人多想一步，就能看到別人沒有看到的機會，大多數成功人士就是這樣成功的。運用所學，勤於思考，付諸行動，別放過任何一個可以創新，賺到大錢的機會。

英國一位叫做哈利的年輕果農，因為女友的父親不願意女兒嫁給種水果的，於是改行從事珍珠買賣。

有一次，他到一所大學向某位大學教授請教跟珍珠有關的理論，教授告訴哈利：「珍珠的形成，是異物進入珍珠貝，例如砂粒，珍珠貝才會分泌珍珠的成分，將異物包裹起來，形成珍珠。」

哈利聽了喜出望外，他心想：「如果我將異物植入珍珠貝體內，就可以製作出人工飼養的珍珠了。」於是，他馬上按照自己的想法去做實驗。

實驗成功之後，他開始製作大量的人工養珠，也因此讓他成為英國知名的大企業家。

有位叫做史帝芬的美國年輕人，有一天，他得知英國生產美麗的人工養珠，價格比天然珍珠低很多。史帝芬「看到」了大好的機會，他向英國珍珠販售協會的主席邁克，提出首批價值十萬美元貨品的要求，這是一筆大數目，但是邁克考慮一個禮拜後，就答應了。

而那批養珠在美國銷售一空，證明了史帝芬的眼光沒有錯，也讓史帝芬前途看好。幾年之後，史帝芬再度「看到」別人視而不見的機會，他決定經由邁克的協助，在美國設立自己的養珠場。

不過，一開始植入異物的珍珠貝死亡率超過五〇%，「如何減低超過一半的死亡率」成為史帝芬必須克服的問題，經過多次研究，史帝芬先將珍珠貝的外殼刷洗乾淨，降低感染的機率。

然後使用少量的麻醉劑，以消毒乾淨的手術刀切割，並植入一小顆圓珠，再將珍珠貝放進籠內，放回海底。每隔四個月，收起籠子檢查珍珠貝生長的情形。

經過上述的處理步驟，珍珠貝的存活率超過九〇%，而這也讓史帝芬賺進巨額的財富。

想到別人想不到的，才能做到別人做不到的

遇到無法理解的事情時，多問自己「為什麼」，仔細想一想，你可能會有不一樣的發現。因為，舉凡成功的人士在看待一個事物時，總是比別人看的更深，更透徹。他們總能想到別人想不到的，因此，才能做到別人做不到的，甚至比別人不容易被打敗。

第十章　失敗往往是通向成功的捷徑

不要害怕失敗，
失敗往往是你通向成功的捷徑，
成功的人生通常不在於長久不敗，
而在於不怕失敗，
想征服世界就要先征服你自己。

勇敢一些，在自己理想可以成長的土地上開始奮鬥，從最低的工作開始做起，儘管困難重重，甚至一切要靠自己打造，只要堅持不懈，哪怕只是一名水泥工人，也能一寸一寸打造出自己的天空。

不向逆境低頭的人，目標就會出現在眼前

卡內基說：「不向逆境低頭的人，目標就會出現在自己的眼前。」

一九二五年八月，希特勒一上台，就把猶太人比作「惡魔」，叫囂著要粉碎「惡魔的權利」，不久，哥廷根大學接到命令，要學校辭退所有從事教育工作的純猶太血統的教授，在被驅趕的教授中，有一名叫愛華．諾德的數學女教授，她主持的講座被迫停止，就連微薄的薪資也被取消，這位學術上很有造詣的女性，面對困境卻心胸坦然，因為她一生都是在逆境中度過的。

諾德生長在猶太籍數學教授的家庭裏，從小就喜歡數學。一九〇三年，二十一歲的諾德

考進哥廷根大學，在那裡她聽了克萊因、希爾伯特、閩可夫斯基等人的課，與數學解下了不解之緣，二十五歲便成了世界上屈指可數的女數學博士。

諾德在數學的研究方面做出傑出的貢獻，但由於當時婦女地位低下，她連講師都排不上，在大數學家希爾伯特的強烈支持下，諾德成為哥廷根大學第一名女講師，接下來，由於她研究成果顯著，又是在希爾伯特的推薦下，取得了「兼任副教授」的資格。

在希特勒的淫威下，諾德被迫離開哥廷根大學，去了美國工作，在美國，她同樣受到學生們的尊敬和愛戴，一九三四年九月，美國設立了以諾德命名的博士獎學金，不幸的是，諾德在美國工作不到兩年，便死於外科手術，終年五十三歲，她的逝世令很多數學同僚無限悲痛。

愛因斯坦在《紐約時報》發表悼文說：「根據現在的權威數學家們的判斷，諾德女士是自婦女受高等教育以來，最重要的富於創造性數學的天才。」

充分發揮才華，就能實現自我價值

成功固然離不開合適的發展環境，但只要你把自己定位於社會的某一個點上，把你的才華充分發揮，奮鬥到底，就不會輕易被打敗，就能真正實現自我價值。

失敗往往是通向成功的捷徑

不要害怕失敗，失敗往往是你通向成功的捷徑，成功的人生通常不在於長久不敗，而在於不怕失敗，想征服世界就要先征服你自己。

「成功與失敗最大的差別，就在於成功者比失敗者敢先邁出第一步！」當你站在高處，看著過往的行人和車輛，是不是會有一種感慨，那就是過去有很多機會就在眼前，只要自己付出勇氣，向前邁出一步，就有可能獲得成功。

但你又可能低頭看看腳下，因為這一步邁出也有可能從高空跌落，因此，你才會猶豫，是冒險一搏還是原路返回從長計議？但是不論你做出什麼選擇，只要克服內心的恐懼，就能縱身飛向自己的目標。

失敗並不可怕，可怕的是你甘心失敗。你有沒有當過困難的逃兵，讓機會在你面前白白地溜走，你是不是抓住生命中的每一次「可能」，去試圖把它變成現實。其實，這樣的選擇在我們每天的生活中都有可能碰到，因為困難無時不在，挑戰隨處可及。

要敢於去做第一個吃螃蟹的人，有時凱旋和毀滅只在咫尺之間，英雄和普通人在平時沒什麼區別，就是在緊急時刻，英雄能做到普通人做不到的事。

高利潤永遠和高風險連在一起，偉大的事業無不是與大膽的設想、勇敢的開拓者結伴同行。在如今沉浮多變的商海中，哪個企業不是在深海掠食，刀頭舔血，又有幾個守秩序的羔羊能在這沒有硝煙的戰場上存活，沒有冒險就沒有奇蹟，機會永遠與挑戰並存。一個企業或是一個人要想發展，就要擁有冒險精神、開拓精神、創新精神。

「認識你自己，相信你自己，挑戰你自己；如果你想征服世界就要先征服你自己。」因此，讓我們把事先的憂慮變為事先的思考和計畫；讓我們把挑戰面前的膽怯和退縮變為大膽的嘗試和探索；讓我們把困難面前成敗得失計較的心思，變成不拘一格的創造力。

「機會」絕不會向你敲兩次門

生命中不時有些難得的時刻，凡是一經決定就能影響久遠，在這種時刻應該有勇氣表示贊成或反對，「機會」絕不會向你敲兩次門，而無法即時掌握住機會的人，往往就是被打敗的人。

用別人的錢來賺自己的錢

沒有一個人沒有缺錢的時候，善於借用別人的錢才更容易成功。所謂「用別人的錢」，靠的是正當、誠實，絕不違背道德良知，同時，要做優惠的回饋。

某位財經顧問曾說：「所有有錢人賺錢的秘訣，就是他們比沒錢人更懂得去向銀行借別人的錢來賺自己的錢。」

銀行不僅是存錢的地方，更是借錢的地方，你要善於用銀行的錢賺錢。銀行的主要業務是放款，把錢借給誠信的人，賺取利息。借出越多，獲利越大。銀行是靠放款收取利息來獲利，更重要的是，銀行是你的朋友，它想要幫助你，而且比任何人更急於見到你成功。

查理起初身無分文，直到外出工作，才有了一些積蓄。但查理不想讓自己的積蓄只是積蓄，他決定創業，從事他認為可以賺到錢的棉花買賣，一位銀行職員讓他貸款。這是查理第一次運用別人的錢，一年半之後，他改為買賣馬和騾子，過了幾年，他累積了許多用別人的錢賺到錢的經驗。有一次，兩個保險公司的業務員來找他，兩個人都是優秀的保險業務員，業績非常好。他們用推銷保險的收入，自己開壽險公司，卻經營不善，準備把公司轉賣給別人，他們去找查理，希望查理能買下他們的公司。

於是，查理就買下那兩位業務員的公司全部股份，他怎麼那麼有錢？當然是向銀行借錢。

買下公司的查理發現公司很多業務人員不敢拜訪陌生的客戶，因此浪費了許多潛在的機會，所以他就告訴自己的業務員必須建立「基本客戶群」，也就是原先就有興趣的客戶，因為這些原先就有興趣的客戶，並不會使業務員感到恐懼，成交的機會也更大。

然而，促使客戶主動洽談的方法就是廣告。但是廣告費用非常昂貴，查理向達拉斯銀行貸款，銀行非常樂意把錢借給像查理一樣有誠信、並且有可行性計畫的人，這也讓他的壽險公司，從原來的資本只有四十萬美元，透過開拓基本客戶群與廣告效應，在短短十年之內，獲利四千萬美元。

善用別人的錢，來達到創業目的

如果你現在正為缺少錢而無法開展一項計畫，或者創立自己的事業而煩惱，別煩惱，只要你的創業計畫很可行，以及具備被打敗的勇氣，那就是希望。至於錢，只要你善用他人的錢，一樣可以達到創業目的。

讓每一塊錢花到對自己最有利的地方

如果不可能改善自己的經濟情況，也許可改進心理態度，寬恕自己。記住，每個人都有自己的財務煩惱，就連美國歷史上最著名的人物也有沒錢的煩惱，譬如林肯和華盛頓都必須向人借貸，才能啟程前往首都就任總統。

「你必須知道你的每一塊錢花到哪裡去，必須讓自己的每一塊錢花到對自己最有利的地方。」在日常生活中，制定任何預算時，你應先從所得當中取出一定的百分比做為儲蓄。因為，不斷成長的儲蓄，是你驅除對貧窮恐懼的重要武器，如果你遭逢意外或生病時，足夠的儲蓄可使你不必擔心缺錢，而且也會因為沒有這層擔心而復原得更快。

當你的支出達到十元時，千萬要告訴你自己，你每週只需要十元開銷。因為，一旦你花第十一元時，就表示你的花費已經超出預算，而且這種透支的情形將會一直持續下去。

另外，切勿為了還債，而放棄儲蓄的習慣，一旦你還清債務，就可將你的所得，在儲蓄、日常開銷和娛樂費用之間進行分配。當你的收入增加時，應養成增加儲蓄的習慣，但應留一點錢給自己，去做一些自己想做的事情。

你可能會發現客觀環境常常使你的預算不夠用，但千萬別讓這些額外開銷使你不知所措，而是必須養成隨時記帳的習慣，才會瞭解這些額外開銷到底是哪些開銷？

立志做一名小說家的亞諾，當年剛到倫敦時，窮困潦倒，生活壓力很大，所以他把每一便士的用途都記錄了下來，他十分喜歡這個方法，不停地保持記帳這個習慣，甚至在他成為世界聞名的作家、富翁，擁有一艘私人遊艇之後，還保持這個習慣。

你我也一樣，去拿個本子，或是下載手機的記帳APP，開始將自己每一筆花費記錄下來，理財專家建議我們，至少在最初三個月要把我們所花的每一分錢做準確的記錄，如果可能的話，可做長期的記錄，以便讓我們知道錢花到哪裡去了。

讓自己花的每一塊錢，都花的有價值

金錢是幫助你獲得成功的一個重要因素，對有限的金錢做出最妥適的分配，非常重要。金錢必須有一個明確目標才可支出，你必須對你的所有開銷都列出預算，並且運用你的自律來確實遵守這個預算，如此才不會被喜歡花錢的自己打敗。

還沒做之前，別告訴自己做不到

生活總是帶有許多不確定的因素，有許多事情無法事先預見。所以，成功還是離不開大膽的嘗試。井底的青蛙因為害怕井外的「未知」，因此只能得到寸尺視角，而敢飛向「未知」空中的老鷹，卻能獲得整個天空。

小高和老唐分別要在不同時間裏，穿過一個曾經出現過狼群的森林，據說這批狼群已經在森林裏吃掉不少誤入森林的旅人。

老唐臨行前，友人都勸他還是不去的好，但是老唐卻說：「我已經與森林那邊的人約好要去喝他兒子的喜酒，今晚無論如何都要趕到，再說，反正我已經六十多歲了，讓狼吃了也沒什麼大不了。」於是，老唐準備了一把獵槍和一把斧頭，很快走進了森林。幾個小時後，當老唐走出森林時，已經精疲力竭，在燈光下可以看到老唐身上有許多血跡。

隔天，小高也準備進入森林，他的友人也同樣勸他別去的好，小高猶豫了一下，他心想，老唐都去了，而且也平安回來，自己比老唐年輕，若退縮的話，多沒面子，於是，他學著老唐的話說：「我也已經和森林那邊的朋友說好了，怎麼能不去呢？」

但是，當小高說這話的時候，旁人都看到他因害怕而渾身發抖。

那晚小高也走進了森林，但隔天卻沒看到他回來。幾天後，有人從森林那邊過來的人說在森林裏見到一堆新鮮的人骨，而在這堆人骨旁邊還有一把上面寫著小高名字的獵槍。

按常理說，老唐的體力遠遠不及小高，但老唐的心態卻遠遠超過了小高，因此，當在森林裏遇到狼群時，可以想像，老唐一定是與狼群進行了一場殊死搏鬥，雖然受了傷，滿身血跡，但他畢竟逃出了狼口，保全了性命。而小高，由於先前心態就與老唐不一樣，還沒去森林就嚇的渾身發抖了，當他在森林裏遇到狼群時，早已被狼群嚇的癱軟在地了，哪裡還有與狼群搏鬥的勇氣。於是，也就讓自己成了狼群的「宵夜」。

在還沒做之前，不要告訴自己一定做不到

當我們面對一件自己認為做不到的事，如果在還沒去做之前，就在潛意識告訴自己一定做不到，那麼我們就真的不可能有能力去做到這件自己認為做不到的事，最後只能眼睜睜地看到被打敗。

不要為失敗找藉口，才不會被自己打敗

「沒有什麼做不到的，只有你不想做的。」也許成功並沒有我們想像的那麼難，只要心中時刻充滿希望，帶著愛拚才會贏的精神，「成功」自然就會手到擒來。

卡內基曾經寫道：「舉凡所有的成功人士，只會跟別人分享他的失敗經驗，而不會跟別人誇耀他如何成功。」的確，讓所有成功人士最印象深刻的事情，大多是他最慘痛的失敗經驗，因為，也是這些最慘痛的失敗經驗，才造就他們今天被眾人稱頌的成功。

雖說，一而再，再而三地遭遇失敗，容易令人心情黯然。但是，有人會說：「這算不了什麼！」仍舊繼續努力，但有人卻會為失敗找尋種種藉口，自欺欺人，而這就是成功者與失敗者最大的區別。

其實，秉持死不認錯這種態度的人，往往無法承受因為錯誤所導致的失敗，以致讓自己陷入敗局，無法自拔，唯有堅定的信念，才能讓自己反敗為勝。

穆罕默德曾說：「一個人堅定的信念，足以移山。」

有人刁難他說：「那麼現在請您把山移走。」

穆罕默德只好回應說：「某月某日，我讓山移走。」

到了那天，山沒有動靜。但是，穆罕默德一點也不驚慌，他神態自若地說：「山呀，你要移動，你要過來。」說了許多次，山還是沒有動靜。

穆罕默德繼續老神在在地說：「假如山要移動，大家都會被壓死。所以老天才不讓山走過來，既然山不過來，但我卻可以自己走過去啊！」

讓山自己移動，雖然如笑話一般，但是穆罕默德最後所說的「山不過來，我就自己走過去」這句話不就是在告訴我們，不論山來或我往，結果都是一樣的，反正山不轉路轉，路不轉人轉，只要最後達到目的就可以了。

其實，穆罕默德這番積極行動的哲理，不論是運用在工作或人生上，都是成功必備的要素。

只要盡了力，便可問心無愧

失敗是人生難免的事，不要懼怕失敗，應該勇敢地面對它。只要盡了力，便可問心無愧。只要盡力了，便我心無悔。只要盡力了，就算是被打敗，又有什麼關係呢？

不要因為生意，而讓朋友也做不成

一次合作不成功，還有下一次。如果你能大度一些，不計前嫌，與人保持友誼與聯繫，就是在為自己儲存下次合作的希望，它將帶給你驚喜的回報。

有人說：「生意只是一時的，而朋友才是一輩子的，因為，你不可能有做一輩子的生意，但卻有可能做一輩子的朋友。」的確，一份穩定的友情關係勝過生意的收穫，將讓你受益終生。

從事廣告行銷事業的威廉姆·弗洛姆用自身例子證明了「生意不成，友情卻長存」的事實。

威廉姆·弗洛姆的廣告公司代理一家電腦公司的廣告，弗洛姆幫這家電腦公司製作了一個成功的電視廣告，強調這家公司的長期信譽與領先地位，讓他們的業績向上提升了不少，也為自己的廣告公司帶來大筆收益。但是，突然間，威廉姆·弗洛姆接到電腦公司的電話，說電腦公司已經賣給新的老闆，而新的老闆自己也有一家廣告公司，不需要再委託外面的廣告公司。威廉姆・弗洛姆一開始還以為是愚人節開的玩笑，但不是，這是事實。

這個消息令弗洛姆難以接受，不單是從營利的角度來看，也因為他們和該電腦公司的廣告部門已經結下了堅固的友情，特別是和業務部副總經理與廣告部經理。

跟電腦公司的生意沒了，但威廉姆・弗洛姆並沒有因此而感到失敗，他聘請電腦公司的廣告部經理來他們廣告公司的會計部門服務，因為他熟知電腦業，能協助弗洛姆接續失去的生意。

而且，弗洛姆繼續和電腦公司的業務部副總經理保持聯絡，直到他離開那家公司。而這個業務部副總經理最後做到希爾羅斯商業公司的總裁，成為弗洛姆廣告公司的大客戶之一，在規模以及來往金額上，都比先前那一家電腦公司大得多。

生意沒了，你可以再找；錢沒了，你可以再賺，但一份深厚的友情不能斷。因此，跟這家公司的生意沒了，可以像前述故事的威廉姆・弗洛姆一樣跟該公司重要的或有能力、有潛力的人物保持聯絡，贏得他們的認可和好感，將來他們為你帶來的好處，遠遠比你眼前的豐厚。

生意只是一時的，而朋友才是一輩子的

很多人在創業和人際交往過程中，因為與某人的一次不愉快的生意合作，就將這人打入自我打造的「冷宮」，列入拒絕往來戶的「黑名單」，這是一件非常愚蠢和不理智的事，也是自己在最後為何會被打敗的原因。

「雙贏」是所有競爭的最好結果

實際上，在許多場合，競爭者的需要並不一定要對立，如果焦點由競爭者相互挫敗轉化成解決問題，每個人就都能獲利。

「如果比賽的遊戲規則，是輸的那一方可以獲得獎金，那麼在比賽的過程中，你就會看到每一個參賽者都會想方設法地讓自己輸給對方！」其實在談判中，雙方都想為自己爭取更多的利益。倘若兩方都毫不謙讓，非要爾虞我詐，鬥個你死我活，那麼在兩敗俱傷的情況下，兩方都是輸家，因為誰也不肯讓步，誰就都不會贏。

其實，最完美的談判類型，應該是雙贏談判。然而，想要達到雙贏的目的，或許可以朝著向各方參與者都提供滿意報酬的遊戲規則來設計。

一對兄妹在客廳為了一塊吃剩的大餅爭吵，他們都想要吃到更大的一塊餅而互不相讓，就在哥哥得到了切大餅的刀的主導權，準備為自己切出最大塊的大餅時，爸爸來到客廳。

爸爸說：「你們兄妹不要再吵了！我不管誰來切這塊餅，切餅的人必須讓另一個人優先選擇。」

爸爸語畢，為了自己的利益，得到了切大餅的刀的哥哥，自然而然地會將那塊餅切成大小相同的兩部分。

衝突是人類社會固有的組成部分，但是，如果把衝突用智慧的解決方法來解決，就像前述故事的爸爸用智慧解決子女搶餅吃的問題一樣，不僅可以有效化解衝突，又可以用來增進雙方的瞭解，並使雙方更緊密地在一起。

「雙贏」是解決雙方衝突的最好方法

其實在現代社會中，人們各自的目標、利益是可以並存的。在這種認識下，人們就可以坦誠相待，互相溝通，交換個人需要和看法，以及透過協商和談判，找到使雙方都獲得利益的雙贏解決問題的方案。

忍住別人無法忍耐的事，就能反敗為勝

俗話說得好：「君子報仇，十年不晚。」一時的隱忍是在挫折和失敗後的應變策略，實質上是非常積極的處理方式，是真正的強者才能做到的。

春秋時期，吳王夫差為了替父親報仇，日夜加緊練兵，於西元前四九四年，率兵把勾踐打得大敗，勾踐被包圍，無路可走，準備自殺，這時謀臣文種勸住了他，於是，勾踐聽從了文種的建議，就派他帶著美女西施和珍寶去賄賂伯喜否，伯喜否答應帶西施和文種去見吳王。

文種見了吳王，獻上西施，說：「越王願意投降，做您的臣下伺候您，請您能饒恕他。」

雖然伍子胥站出來大聲反對吳王放過勾踐，但這時的夫差以為越國已經不足為患，又看上了西施的美色，就不聽伍子胥的勸告，答應了越國的投降。

吳國撤兵後，勾踐帶著妻子和大夫范蠡到吳國伺候吳王三年，終於贏得了吳王的歡心和信任，被釋放回越國。

勾踐回國後，立志發奮圖強，準備復仇。他怕自己貪圖舒適的生活，消磨了報仇的志氣，晚上就睡在稻草堆上，他還在房子裏掛上一顆苦膽，每天早上起來後就嚐嚐苦膽，並交代門外的士兵問他：「你忘了三年的恥辱了嗎？」

勾踐的這些舉動感動了越國上下軍民，經過十年艱苦奮鬥，越國終於兵精糧足，轉弱為強。而吳王夫差自從戰勝越國後，以為沒有了後顧之憂，從此過著驕奢淫逸的生活，他還聽信伯喜否的壞話，殺了忠臣伍子胥，貌似強大的吳國，實際上已經是走下坡路了。

西元前四七三年，勾踐親自帶兵攻打吳國，這時的吳國已經是強弩之末，根本抵擋不住越國軍隊，最後勾踐終於滅掉吳國。

留得青山在，不怕沒柴燒，「臥薪嚐膽」的故事，二千四百多年來廣為流傳，膾炙人口，一直激勵著處於劣勢的人，只要奮發圖強，堅忍不拔，就能像越王勾踐一樣反敗為勝。

在隱忍中保持高度的自信心和強烈的成功慾望

臥薪嚐膽，是強者戰勝挫折、走出困境的重要方略。在這過程中，尤其需要堅強的意志力，堅持到底，在隱忍中保持高度的自信心和強烈的成功慾望，就如一條隱藏在地表下，奔湧不息的暗流，一旦時機成熟就將破土而出，獲得無法想像的成功！

學會接受現在的自己，而非自己所期望的自己

美國前總統羅斯福曾說：「我們需要害怕的，就是害怕本身。」

有一天，勝傑與其他三個建築工人，從木製的鷹架爬上一棟大樓的三樓外牆施作工程，當勝傑爬上鷹架上時，他的工頭叫他遞一件工具給他，當他伸手去取工具時，忽然一根木條因不能負荷他的重量而斷了，他踩了個空，於是整個人就從木架上跌下十公尺的地面。

勝傑後來回憶說：「我的頭先墜地，跟著身軀下壓，使我的前額像扭扭棒一樣扭曲地頂住我的胸膛……在那一刻，我知道我的腳已沒有知覺了。」

「第二天當我醒來後，看到頭部兩旁的支架，我知道自己已經在醫院，我的身上插滿各式各樣的管子，而一個似乎是無所不在的護士，總是在我需要她的時刻出現，我覺得自己的下半身像木乃伊一樣纏裹著，這種感覺非常恐怖，因為，這意味著我的下半身已完全失去了知覺，我並沒有向旁人問及自己的情況，因為從兩個護士的對話中，我已知道自己的兩隻腳

已經癱瘓了……」

五年後，勝傑雖然整日坐在輪椅上，但他仍說他的生命是美好的。

「我認識到我所遇到的意外是逃避不了的事，它會一生如影隨形地跟著我，我已學會接受現在的我，而非我所期望的我，我要帶著愛去生活，雖然我的身體傷殘，但我的心並沒有殘障，在我的生命之中，我不會讓自責、埋怨和憎恨佔有任何位置。」

現在的勝傑除了開了一家彩券行賣彩券外，並且在閒暇之餘，到「生命線」當輔導義工。

勝傑之所以有能力為失意的人灌注新的希望，那是因為他找到了新的希望。

當你面對失敗時，想開一點

當一個人處於生死交界時刻，大多數人想的都是如何活下去，如果可能的話，給那些自殺的人一次重新選擇的機會，我相信他們會選擇更好的生存。當你面對失敗時想開點，不要絕望，更不要害怕被打敗，經常充滿希望，幸運的女神早晚會站到你這一邊。

國家圖書館出版品預行編目資料

為生活找出口,而不是找藉口 / 八方著. -- 臺北
市 : 種籽文化, 2020.03

面 ; 公分
ISBN 978-986-98241-4-9(平裝)

1.自我實現 2.成功法

177.2 109002114

小草系列 27
為生活找出口，而不是找藉口

作者 / 八方
發行人 / 鍾文宏
編輯 / 種籽編輯部
美編 / 陳子文
行政 / 陳金枝

出版者 / 種籽文化事業有限公司
出版登記 / 行政院新聞局局版北市業字第1449號
發行部 / 台北市虎林街46巷35號 1 樓
電話 / 02-27685812-3傳真 / 02-27685811
e-mail / seed3@ms47.hinet.net

印刷 / 久裕印刷事業股份有限公司
製版 / 全印排版科技股份有限公司
總經銷 / 知遠文化事業有限公司
住址 / 新北市深坑區北深路3段155巷25號5樓
電話 / 02-26648800傳真 / 02-26640490
網址：http://www.booknews.com.tw(博訊書網)

出版日期 / 2020年03月 初版一刷
郵政劃撥 / 19221780戶名：種籽文化事業有限公司
◎劃撥金額900(含)元以上者，郵資免費。
◎劃撥金額900元以下者，若訂購一本請外加郵資60元；
劃撥二本以上，請外加80元

定價：280元

種籽文化

種籽文化